Irmela Erckenbrecht

Rosmarin und Pimpinelle

Irmela Erckenbrecht

Rosmarin und Pimpinelle

Das Kochbuch zur Kräuterspirale

Inhalt

Hereinspaziert! 7

Die Kräuterspirale – ein eigenständiger kleiner Küchengarten 9

Ein Kräuterbeet mit idealen Standortbedingungen 10
Ein wahres Schmuckstück für jeden Garten 11
Eine Kräuterspirale für die Küche 12

Kräuterschätze ernten und aufbewahren 14

Blüten, Blätter, Samen, Wurzeln. 15
Kräuter trocknen 16
Kräuter einfrieren 18
Kräuter einsalzen und -zuckern 19
Kräuter in Essig und Öl einlegen 19
Kräutertees 20
Bewährte Kräutermischungen in der Küche. 21

Aus dem Schatzkästchen zaubern –
22 Kräuter und ihre Verwendung in der Küche 23

Basilikum 24
Bohnenkraut 30
Borretsch 36
Brunnenkresse 42
Dill 48
Estragon 54
Kapuzinerkresse. 60
Kerbel 66
Lavendel 72
Liebstöckel 78
Minze 84

Oregano 90
Petersilie 96
Pimpinelle 102
Ringelblume 108
Rosmarin 114
Rucola 120
Salbei 126
Sauerampfer 132
Schnittlauch 138
Thymian 144
Zitronenmelisse 150

Die Autorin 156

Rezeptindex 157

Hereinspaziert!

Frühmorgens in den Garten. Mit Schere und Korb zur Kräuterspirale. Schnittlauch, Petersilie, Dill und Estragon ernten, vielleicht noch etwas Brunnenkresse. Damit den Quark anrühren, Eier kochen, Brötchen aus dem Ofen nehmen, Milch anwärmen, Kaffee oder Tee eingießen, Schnittlauch auf die Frühstückseier streuen, Quark auf die Brötchen streichen und raten lassen, welche Kräuter sich darin verbergen …

So köstlich, frisch und leicht kann ein Tag beginnen, dessen Küche rund um eine Kräuterspirale kreist.

Wie wäre es dann zum Mittag mit einer Thymian-Brokkoli-Suppe, Salbeispaghetti oder Maistalern mit Petersiliensauce? Zum Nachmittagstee mit Lavendelkeksen oder einem süßen Minzquark? Und zum Abend mit Lauchgemüse mit Estragon, Oregano-Kartoffel-Pfanne und einem bunten Kräutersalat?

Mit Kräutern zu kochen ist leichter, als Sie vielleicht denken. Durch ihre abwechslungsreiche Aromavielfalt verfeinern und veredeln Küchenkräuter viele an sich einfache Gerichte. Gleichzeitig sind alle Kräuter reich an Vitaminen und ätherischen Ölen, die Leib und Seele gut tun und die Bekömmlichkeit der Speisen erhöhen.

Der Anbau aromatischer Würzpflanzen für die Küche gelingt auf ideale Weise mit einer Kräuterspirale. Was es mit dieser Spirale auf sich hat, möchte ich Ihnen deshalb in einem einleitenden Kapitel kurz erklären.

Trotz eines nur geringen gärtnerischen Aufwands haben Sie mit der Kräuterspirale vom zeitigen Frühjahr bis weit in den Herbst hinein stets eine große Palette frischer Würzkräuter zur Auswahl. Wie Sie Ihre Ernteschätze für den Winter trocknen, einfrieren oder einlegen können, erkläre ich Ihnen in einem weiteren Kapitel.

Anschließend lade ich Sie dann in meine Kräuterküche ein. Insgesamt 22 verschiedene Küchenkräuter mit ihren kulinarischen Besonderheiten und speziellen Anwendungsmöglichkeiten werden vorgestellt und ausführlich beschrieben. Viele leckere Rezepte für Salate und Suppen, Aufläufe und Gratins, Pizzen und Pfannengerichte, Gebäcke und Drinks, aber auch süße Köstlichkeiten warten darauf, von Ihnen entdeckt und nachgekocht zu werden.

Wer (noch) keine Kräuterspirale hat, braucht aber nicht zu verzweifeln: Alle Rezepte gelingen natürlich auch ebenso gut mit Kräutern von der Fensterbank oder vom Wochenmarkt.

Lassen Sie sich von den köstlichen Kräuteraromen zu neuen Kochabenteuern und Gaumengenüssen verführen. Ihre Gesundheit und alle, die gern aus Ihren Kochtöpfen naschen, werden es Ihnen danken!

Viel Freude beim Ausprobieren und gutes Gelingen wünscht Ihnen

Ihre

Irmela Erckenbrecht

Die Kräuterspirale – ein eigenständiger kleiner Küchengarten

Die Kräuterspirale ist ein dreidimensionales, spiralförmiges Gartenbeet. Es wird von Steinen begrenzt, die zur Mitte hin schneckenhausförmig ansteigend übereinander gesetzt werden, und bildet damit eine ideale Kombination aus Steingarten, Trockenmauer und Gartenbeet. Durch die Befüllung mit verschiedenen Böden und die Ausrichtung nach Süden wird diese Kombination den unterschiedlichsten Standortansprüchen gerecht.

Die bei uns heute angebauten Heil- und Würzkräuter stammen aus den verschiedensten Klimazonen und wachsen dort auf den unterschiedlichsten Standorten. Deshalb stellen sie jeweils ganz andere Ansprüche an Temperatur, Feuchtigkeit, Licht und Boden. Während z. B. viele unserer heimischen Kräuter einen feuchten, nährstoffreichen Boden in schattiger Lage bevorzugen, gedeihen Pflanzen aus dem Mittelmeerraum am besten auf trockenen, nährstoffarmen, von der Sonne beschienenen Hängen. Das ist kein Wunder, denn aus ihrer Heimat am Mittelmeer kennen sie ein kurzes, regenreiches Frühjahr und einen heißen, trockenen Sommer. Sie zeigen kein üppiges Blätterwachstum, sondern nutzen die Wärme zur vollen Entfaltung ihrer ätherischen Öle und Aromastoffe.

Die größten Mengen dieser Stoffe, die sie für uns ja gerade auch für die Küche so wertvoll machen, entwickeln Kräuterpflanzen immer dann, wenn sie an einem Standort wachsen, der ihren Bedürfnissen optimal entspricht. Wer schon einmal in Griechenland gewandert ist, wird sich daran erinnern, welch intensiven Duft ein Salbeistrauch an einem sonnigen Berghang verströmen kann. Vergleicht man diesen Duft mit dem Aroma einer Salbeipflanze, die in hiesiger Gartenerde oft mehr schlecht als recht gedeiht, stellt man fest: Auch deren Blätter riechen und schmecken natürlich unverwechselbar nach Salbei, den höchsten Gehalt an ätherischen Ölen und anderen Inhaltsstoffen, die schönsten Blüten und den herrlichsten Duft entwickelt der Salbeistrauch aber nur dann, wenn er so steht, wie er es am liebsten hat: am sonnigen, trockenen Abhang in einem lockeren, kalkhaltigen Boden.

Die Kräuterspirale hilft, die verschiedenen Ansprüche unterschiedlichster Pflanzen auf kleinstem Raum zu erfüllen. In einer Art Maisonette-Wohnung schafft sie artgerechte Wachstumsbedingungen für Pflanzen mit den verschiedenartigsten Standortansprüchen und bietet jedem Untermieter den passenden Platz.

Ein Kräuterbeet mit idealen Standortbedingungen

Durch den dreidimensionalen Aufbau und das durchdachte Befüllen mit Kies, Bauschutt, Sand, Kompost und Gartenerde entstehen im Hinblick auf Nährstoffe, Wasserversorgung und Licht sehr differenzierte Standortverhältnisse. Die strikte Nord/Süd-Ausrichtung mit klarer Verteilung von Wärme und Kühle, Licht und Schatten lässt die Unterschiede so extrem wie möglich hervortreten. Auch der Windschutz für in dieser Hinsicht empfindliche Pflanzen wird so ganz leicht möglich.

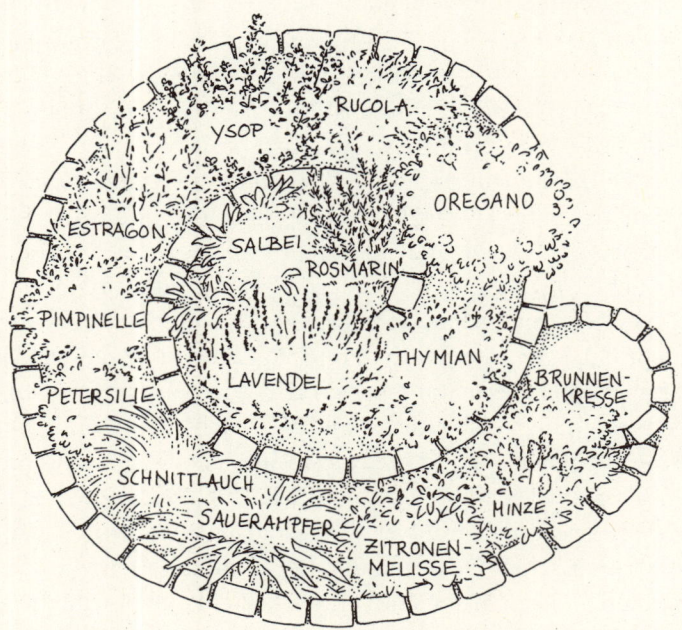

Typische Kräuterspiralenbewohner mit unterschiedlichen Standortansprüchen

Die Ausrichtung auf der Nord/Süd-Achse sorgt außerdem dafür, dass die Sonnenenergie optimal ausgenutzt wird. Die in die Spirale integrierten Steine schaffen ein ausgeglichenes Kleinklima, speichern tagsüber die Sonnenwärme und geben diese dann abends und nachts allmählich an den Boden ab. Das Wasser im kleinen Teich am südlich gelegenen Fuß der Kräuterspirale reflektiert die Sonnenstrahlen und verstärkt diesen Effekt. So können sogar leichte Nachtfröste abgefangen werden.

Da der Kern der Kräuterspirale aus Bauschutt besteht, bleibt der obere Teil weitgehend trocken. Die Hohlräume im Bauschutt wirken Wasser führend, anhaftender Mörtel gibt Kalk an den Boden ab. All das fördert das Wachstum der Mittelmeerkräuter, die sich im oberen Teil der Spirale sichtlich wohl fühlen. Während sie den ganzen Tag über Sonne bekommen, werden die äußeren, unteren Bereiche der Spirale durch den wandernden Sonnenstand tageszeitabhängig beschattet. Hinzu kommt, dass nach unten hin immer nährstoffhaltigere Erde eingefüllt wird und die Drainagewirkung von Bauschutt und Kies nachlässt. Deshalb wachsen im unteren Teil der Spirale heimische Kräuter besonders üppig, zum Teich hin sogar Wasser liebende Pflanzen wie die Brunnenkresse.

Auf diese Weise bietet die Kräuterspirale Natur pur auf kleinstem Raum. Genau abgestimmte Bodenverhältnisse, eine ideale Sonnenlage, umfassende Wärmespeicherung und gute Wasserführung sorgen dafür, dass die Kräuterpflanzen auf der Spirale besonders gut gedeihen.

Ein wahres Schmuckstück für jeden Garten

Als attraktiver Blickfang ist die Kräuterspirale in jedem Fall auch optisch eine echte Bereicherung für jeden Garten. Durch die Spiralform werden die Pflanzen besonders wirkungsvoll in Szene gesetzt. Je nachdem, wo man sich rund um die Kräuterspirale gerade befindet, bietet sich ein jeweils anderes, harmonisches Bild.

Doch nicht nur die Spiralenpflanzen, auch alle übrigen Gartenbewohner profitieren von dem neuen Gestaltungselement. Für den gesamten Garten stellt die Kräuterspirale eine echte ökologische Bereicherung dar. Die steingartenähnlichen Verhältnisse mit der Trockenmauer und

ihren vielen Hohl- und Zwischenräumen bieten einzigartige Lebensräume für Pflanzen und Kleintiere.

Auch wer sich keinen großen Nutzgarten anlegen will oder kann, hat mit der Kräuterspirale die Chance, sich ein eigenständiges kleines Gartenparadies zu erschaffen. Aufgrund des relativ geringen Platzbedarfs bietet sie die Möglichkeit, schon im Vorgarten mit der Selbstversorgung zu beginnen.

Eine Kräuterspirale für die Küche

Wie Sie eine Kräuterspirale anlegen können, habe ich in meinen Büchern »Die Kräuterspirale«, »Wie baue ich eine Kräuterspirale?« und »Neue Ideen für die Kräuterspirale« beschrieben. Falls Sie noch keine Spirale in Ihrem Garten haben und beim Nachkochen meiner Rezepte Lust bekommen, sich eine zu bauen, seien Sie auf diese Bücher verwiesen.

Wenn Sie die Spirale hauptsächlich für Ihre Kräuterküche nutzen wollen, können Sie bei der Auswahl der Pflanzen ganz Ihren persönlichen Vorlieben folgen. Ihre Lieblingskräuter sollten natürlich auf jeden Fall dabei sein. Zusätzlich rate ich Ihnen, einige Kräuter auszuwählen, die bei Ihnen bisher weniger zur Anwendung kamen. Auf diese Weise geben Sie sich selbst Raum für neue Entdeckungen und Kochabenteuer.

Eine Besonderheit bei der Spiralenbepflanzung mit Küchenkräutern besteht darin, dass sie neben mehrjährigen auch einjährige Pflanzen wie Borretsch und Dill, Kerbel und Kapuzinerkresse umfasst, die im Frühjahr ausgesät werden und nach dem ersten starken Frost im Herbst wieder absterben, also jedes Jahr neu gezogen werden müssen.

Lassen Sie deshalb beim Einpflanzen der mehrjährigen Pflanzen ausreichend Platz für die einjährigen Spiralengäste. Nachdem Sie die mehrjährigen Pflanzen vorsichtig eingesetzt und angegossen haben, streichen Sie die für die einjährigen Kräuter vorgesehenen Stellen glatt und bestreuen sie mit dem jeweiligen Kräutersamen. Zum leichten Bedecken der Samen können Sie feinkrümeligen Kompost verwenden. Nun muss auch hier regelmäßig, aber vorsichtig gewässert werden, am besten mit einem Brausenaufsatz auf der Gießkanne, damit die Samenkörnchen nicht davon geschwemmt werden. Die Keimzeit der einzelnen Kräuter ist unterschiedlich. Vor allem das Aussäen von Petersilie erfordert einige Geduld, da es bis zu drei Wochen dauern kann, bis sich die ersten Keimlinge zeigen. Worauf sonst noch zu achten ist und welchen Spiralenstandort die einzelnen Kräuter bevorzugen, erkläre ich Ihnen im Kochkapitel im Rahmen der verschiedenen Kräuterportraits.

Alle Rezepte in diesem Buch gelingen natürlich auch mit Kräutern von der Fensterbank, dem Balkon oder der Terrasse

Kräuterschätze ernten und aufbewahren

Wer eine eigene Spirale hat, kann beim Kochen mit Kräutern aus dem Vollen schöpfen. Am allerbesten ist es natürlich, wenn Sie die Kräuter einfach nach Bedarf ernten und immer gleich frisch verwenden. Je kürzer der Abstand zwischen Ernte und Verwendung, desto höher der Gehalt an wertvollen Kräuterwirkstoffen. Von dieser Möglichkeit der kurzen Wege sollten Sie vom zeitigen Frühjahr bis zum späten Herbst Gebrauch machen, solange auch nur irgendetwas Frisches auf Ihrer Spirale wächst.

Die meisten Kräuter besitzen darüber hinaus zum Glück eine sehr schöne Eigenschaft: Ihr Aroma ebenso wie ihre Würz- und Heilkraft lassen sich für die kalten Monate, in denen wir ohne frisches Grün auskommen müssen, hervorragend einfangen. Wie dies am besten gelingt, werde ich Ihnen in den folgenden Abschnitten genau erklären.

Für alle Aufbewahrungsmethoden gilt, dass sie schon bei der Ernte besondere Sorgfalt verlangen. Als Erstes muss der richtige Zeitpunkt für die Kräuterernte gefunden werden. Der ist von Pflanze zu Pflanze

unterschiedlich. Lavendel z. B. erntet man, wenn sich die Blüten gerade zu öffnen beginnen, viele andere Kräuter, z. B. Estragon, Oregano oder Thymian, werden vor der Blüte geerntet. Die Haupterntezeit liegt im Mai und Juni vor Johanni (24. Juni). Genauere Hinweise für den richtigen Zeitpunkt gebe ich Ihnen im Rahmen der jeweiligen Kräuterportraits.

Viele Kräuter, vor allem die mit eher grauen und härteren Blättern, sammeln Sie am besten bei trockenem Wetter und zur frühen Mittagszeit, da dann der Tau abgetrocknet ist und die Pflanzen den größten Gehalt an Wirkstoffen haben. Kräuter mit zarten, grünen Blättern wie z. B. Basilikum erntet man eher am frühen Morgen, weil sie leicht feucht am besten ihr Aroma entfalten. Ernten Sie nur gut entwickelte, gesunde und saubere Pflanzen oder Pflanzenteile. Schneiden Sie sie mit einer Schere ab und legen Sie sie vorsichtig in Körbe oder luftige Papiersäcke. Plastikbeutel und andere luftundurchlässige Behälter sind ungeeignet, weil das Sammelgut darin leicht muffig werden kann. Je länger die Lagerzeit, desto mehr Wirk- und Aromastoffe gehen verloren. Sammeln Sie deshalb möglichst immer nur so viel, wie Sie in einem Winter verbrauchen oder verschenken können.

Blüten, Blätter, Samen, Wurzeln

Blüten sammeln Sie am besten zu Blütebeginn, wenn die Knospen sich gerade geöffnet haben. Alte Blüten haben ihre ätherischen Öle schon größtenteils als Duft ausgeströmt. Achten Sie darauf, dass Blüten, die Sie aufbewahren wollen, völlig tautrocken sind. Nur Blüten, die Sie frisch verwenden wollen, können Sie einige Minuten wässern, damit keine Insekten versteckt bleiben. Das gilt insbesondere für große Blüten, z. B. die der Kapuzinerkresse. Als getrocknete Blüten kennen die meisten Menschen Lavendel und Kamille. Aber auch viele andere Kräuterblüten, z. B. die von Schnittlauch, Ysop, Thymian und Salbei, sind ess- und genießbar. In den Rezepten ab Seite 23 finden Sie leckere Anwendungsbeispiele als Anregung zum eigenen Weiterexperimentieren.

Blätter erntet man bei den meisten Kräuterpflanzen vor der Blüte, weil sie dann besonders viele Aromastoffe enthalten. Man stapelt sie locker in einem Korb oder einer luftigen Papiertüte und achtet darauf, sie möglichst wenig zu drücken oder zu knicken. Manche Kräuter, z.B. Dill und Basilikum, sollte man nur frisch verwenden, weil sie getrocknet viel von ihrem typischen Aroma einbüßen. Andere, z.B. Thymian oder Rosmarin, gewinnen durch Trocknen noch an Intensität (und manchmal auch an Strenge), weshalb man beim Kochen von der getrockneten Version viel geringere Mengen verwenden sollte als von der frischen. Samenkörner sollten Sie am besten kurz vor der Vollreife ernten. Behalten Sie die Kräuter, deren Samen Sie ernten wollen, z.B. Kümmel, Koriander oder Fenchel, gut im Auge, damit Sie den richtigen Zeitpunkt erwischen. Ernten Sie zu früh, sind die Wirk- und Aromastoffe noch nicht maximal ausgebildet, warten Sie zu lange, kann es passieren, dass die Samenkörner sich lösen und herunterfallen. Schneiden Sie vorsichtig die ganzen Samenstände ab und sammeln Sie sie locker in einer Papiertüte, damit keine sich später noch lösenden Körner verloren gehen.

Wurzeln werden meist im Herbst geerntet, denn nach Trieb, Blüte und Reife wandern die Inhaltsstoffe mehrjähriger Pflanzen jetzt in die Wurzeln zurück. Stechen Sie immer nur so viele Wurzeln ab, wie die Pflanze ohne Schaden entbehren kann. Man gräbt die Wurzeln behutsam aus, putzt und wäscht sie und verwendet sie entweder frisch oder spaltet sie zum Trocknen.

Kräuter trocknen

Breiten Sie die Kräuter, die Sie trocknen wollen, an einem luftigen, aber schattigen Ort großflächig aus. Vielleicht haben Sie einen gut belüfteten Schuppen oder Speicher, einen nicht zu stickigen Heizungsraum oder einen schattigen Wintergarten. Geschlossene Räume wie Küchen, Waschküchen oder Bäder, in denen sich immer wieder Feuchtigkeit bildet, sind ebenso ungeeignet wie zur Muffigkeit neigende Keller.

Nach dem Trocknen sollten Blätter und Blüten noch die gleiche Farbe haben, also nicht ausgeblichen oder angeschimmelt sein. Legen Sie die Kräuter deshalb in dünner Schicht (nicht übereinander!) auf Papier oder Gazerahmen, an die von allen Seiten Luft fächeln kann. Von

Natur aus trockene Pflanzen wie Wermut, Salbei oder Lavendel können Sie auch in Büschel schneiden und locker gebunden aufhängen. Beim Trocknen sollte es möglichst warm sein, damit das Wasser aus den Pflanzen rasch verdunsten kann, ehe sie vergilben. Mehr als 35 °C sind allerdings auch nicht förderlich, weil die Hitze die Duft- und Heilstoffe zerstören kann. Aus diesem Grund sollten Sie Kräuter auch nie in der prallen Sonne auslegen. Dickere Pflanzen und Pflanzenteile sollten Sie zwischendurch einmal vorsichtig wenden. Fertig getrocknet sind die Kräuter, wenn sich die Pflanzenteile leicht brechen oder zwischen den Fingern zerreiben lassen. Samen sind trocken, wenn sie aus den Hüllen fallen. Klopfen Sie die Samenstände zum Schluss noch einmal kräftig aus. Die Spreu vom Kraut trennen Sie am einfachsten, indem Sie alles in ein feines Sieb geben und rütteln. Die schwereren Samen rutschen nach unten, die leichtere Spreu liegt obenauf und kann weggepustet werden.

Wurzeln trocknen nur schwer. Außerdem ist es zu deren Erntezeit im Herbst oft schon kalt und feucht. Man kann die sauberen, aufgespaltenen Wurzelteile auf Garn auffädeln und an einem warmen Ort im Haus aufhängen oder sie ganz vorsichtig (wiederum nicht über 35 °C!) im Ofen trocknen. Praktisch ist natürlich ein Dörrapparat, bei dem sich die Temperatur genau regeln lässt.

Getrockneten Lavendel, Waldmeister oder Rosmarin können Sie in Duftkissen einnähen und zwischen die Wäsche legen oder im Zimmer aufhängen. In hübschen Schälchen können Sie getrocknete Kräuter, mit Gewürzen und Blütenblättern gemischt, als Duftpotpourris auslegen. Auch getrocknete Kräutersträuße an Decken und Wänden sind äußerst dekorativ. Allerdings sollten sie immer etwas für Auge und Nase bleiben und nicht mehr in den Kochtopf wandern. Die verwendeten Kräuter werden mit der Zeit fahl und staubig, verlieren an Wirkstoffen und Geschmack.

Kräuter, die Sie tatsächlich zum Würzen von Speisen und für Kräutertees verwenden wollen, sollten Sie in Papier einwickeln und in einer Schublade oder in einer trockenen, dunklen Speisekammer verstauen. Luftdichte Gläser oder Porzellangefäße sind ebenfalls gut geeignet. Stellen Sie die Gläser aber an einen dunklen Ort oder verwenden Sie dunkles Glas, da Licht das Aroma der Kräuter zerstören kann. Nehmen Sie am besten braunes, nicht grünes Glas, da das braune am wenigsten aromaschädigend wirkt. Kontrollieren Sie Ihre Bestände von Zeit zu Zeit auf Restfeuchtigkeit oder Schimmel.

Kräuter einfrieren

Viele Kräuter, wie Petersilie, Schnittlauch, Dill, Basilikum und Estragon, die sich nicht so gut trocknen lassen, kann man für den späteren Gebrauch hervorragend einfrieren. Hacken Sie die Kräuter und breiten Sie sie auf einem Tablett aus, das Sie in Ihren Tiefkühlschrank stellen. Später können Sie das Kräutergefriergut dann in Gefrierbeutel oder -dosen füllen und je nach Bedarf streu- und rieselfähig portionieren.

Für Saucen, Suppen und Eintöpfe können Sie Kräutereiswürfel vorbereiten, die Sie dann nur noch in die warmen Speisen rühren müssen. Geben Sie die gehackten Kräuter in Eiswürfelbereiter, gießen Sie sie mit Wasser auf und füllen Sie die fertig gefrorenen Eiswürfel wiederum in Gefrierbeutel oder -dosen. Dabei brauchen Sie sich nicht auf ein Kraut zu beschränken, sondern können sich je nach Geschmack und Laune Beutel mit verschiedenen Würzwürfeln zusammenstellen – nur das Beschriften nicht vergessen!

Apropos Eiswürfel: In fruchtigen Getränken sind Würfel mit eingeschlossenen Kräuterblüten z. B. von Borretsch oder Salbei sehr dekorativ. Legen Sie die Blüten in den Eiswürfelbereiter und gießen Sie sie mit Wasser auf – der Überraschungseffekt bei der nächsten Party wird Ihnen sicher sein.

Kräuter einsalzen und -zuckern

Durch eine weitere Konservierungsmethode, das Einsalzen, erhalten Sie feine Würzmittel für Ihre Kräuterküche. Getrocknete, fein geriebene Kräuter wie Estragon, Liebstöckel und Petersilie werden mit gleichen Teilen Meersalz vermischt und in dunkle Schraubgläser gefüllt. Das selbst gemachte Kräutersalz können Sie wie Kochsalz verwenden, sollten es aber erst ganz zum Schluss an die fertig gekochten Speisen geben.

Experimentieren Sie auch einmal mit eingesalzenen frischen Basilikumblättern. Die Blätter werden in einem dunklen Schraubglas übereinander geschichtet und lagenweise gesalzen. Mit Olivenöl aufgegossen ist die Mischung etwa vier Wochen haltbar. Besonders lecker schmeckt sie mit Tomaten und Mozzarella; mit Essig, Knoblauch und schwarzem Pfeffer wird daraus eine würzige Vinaigrette.

Umgekehrt lassen sich Kräuter auch in Zucker konservieren. Versuchen Sie es z.B. mal mit kandierter Minze. Lassen Sie die Minzeblätter in einer starken Zuckerlösung ziehen und anschließend auf Küchenkrepp abtrocknen. Mehrmals überkandieren und nachtrocknen – eine hübsche, originelle Knabberei.

Kräuter in Essig und Öl einlegen

Zu den ältesten Konservierungsmethoden gehört das Einlegen von Kräutern in Essig und Öl. Die Kräuter werden dabei so vollständig von der Flüssigkeit eingeschlossen, dass sie nicht verderben können. Im Laufe der Zeit gehen die Wirk- und Aromastoffe in die Flüssigkeit über. Auch wenn die Kräuter abgefiltert werden, bleiben ihre Würze und ihre Heilwirkung im Essig oder Öl erhalten. Kräuteröl und -essig sind hervorragende

19

Zutaten für Saucen und Salate, aber auch schöne Mitbringsel und Geschenke für Freunde und Bekannte. In ihnen sind die Wärme und der Duft des vergangenen Sommers eingefangen.

Für die Herstellung von Kräuteröl und -essig lohnt es sich, schon von langer Hand hübsche Flaschen und Fläschchen zu sammeln. Dort hinein füllen Sie dann die sauberen, trockenen Pflanzenteile und übergießen sie ganz mit Weinessig oder gutem Öl (z.B. Oliven- oder Distelöl). Experimentieren Sie je nach Geschmack einzeln oder gemischt mit Estragon, Thymian, Basilikum, Dill, Zitronenmelisse, Pfefferminze, Rosmarin oder Oregano. Wenn Sie möchten, können Sie Ihrem Kräuteressig auch frische Beeren, Lindenblüten, Lorbeerblätter, Holunderblüten, Chilischoten oder Pfefferkörner beifügen. Im Rezeptteil finden Sie zum Stichwort Estragon mehrere Würzideen für einen leckeren Estragonessig (siehe Seite 59).

Als Richtwert sollten Sie pro Liter Weinessig hundert Gramm Kräuter verwenden. Stellen Sie die fest verkorkte oder mit einem luftdichten Schraubverschluss zugedrehte Flasche mit Kräuteressig oder -öl auf eine sonnige und warme Fensterbank und schütteln Sie den Inhalt einmal täglich kräftig durch. Kräuteressig ist nach 2 – 3 Wochen, Kräuteröl nach 4 – 6 Wochen gebrauchsfertig. Mit einem Mulltuch und einem großen Trichter werden beide abgefiltert, das Tuch wird noch einmal kräftig ausgedrückt und die Flaschen werden gut verschlossen.

Verschenken können Sie die Flaschen auch mit den Kräutern; vor dem Gebrauch sollten die Kräuter aber herausgefiltert werden, denn ragen Blätter oder Stängel aus der teilweise verbrauchten Flüssigkeit, besteht Fäulnisgefahr.

Kräutertees

Aus getrockneten Kräutern lassen sich viele Heiltees, aber auch Haustees für den täglichen Gebrauch selbst herstellen. Manche Anwendungen gehören zum volksmedizinischen Allgemeingut, andere erfordern eine naturheilkundliche Beratung. Unbedenklich anwenden lässt sich z.B. der Kamillentee (aus getrockneten Kamillenblüten): innerlich bei verkorkstem Magen, äußerlich bei Hautreizungen oder als Dampfbad bei Erkältungen und zur Schönheitspflege. Ein Tee aus Kümmel-, Fenchel- und Anissamen wirkt auf den Darm entspannend und löst Blähungen. Schlaffördernd ist ein Tee aus Johanniskraut, Hopfen- und Lavendelblüten. Gegen Halsschmerzen hilft Salbeitee, den man auch zum Gurgeln verwenden kann. Als Haustee heiß oder im Sommer auch kalt sehr beliebt ist

Pfefferminztee. Den ganzen Sommer über können Sie Tee aus frischer Pfefferminze oder Zitronenmelisse zubereiten.

Als Faustregel gilt: Einen Teelöffel Kräuter pro Tasse mit kochendem Wasser übergießen, 7 – 10 Minuten ziehen lassen und abseihen. Nach Bedarf süßen, und zwar am besten mit Honig, der mit den feinen Kräuteraromen hervorragend harmoniert.

Bewährte Kräutermischungen in der Küche

Damit die wertvollen Inhaltsstoffe keinen Schaden nehmen, sollten Sie frische, zarte Kräuter nicht mitkochen, sondern erst ganz zuletzt zugeben. Nur bei besonders robusten Kräutern wie Rosmarin und Thymian ist es sinnvoll, auch frisch schon eine Hälfte während des Garens und die andere Hälfte zum Schluss der Kochzeit einzurühren. Getrocknete Kräuter, die übrigens noch mehr köstliches Aroma entfalten, wenn man sie kurz vor ihrer Verwendung zwischen den Fingern zerreibt oder im Mörser andrückt, kochen dagegen die letzten 10 – 15 Minuten mit.

Beim Trocknen, Einfrieren, Einsalzen und Einlegen können Sie bei der Kombination der Kräuter Ihrer Fantasie freien Lauf lassen. Nach einigem Ausprobieren werden Sie sicherlich Ihre Lieblingsmischungen finden. Erste Anhaltspunkte können dabei bekannte Kräutermischungen sein, die durch ihre traditionell bevorzugte Verwendung ganze Geschmacksrichtungen geprägt haben.

Dazu gehören z. B. die französischen »Fines Herbes« aus Basilikum, Bohnenkraut, Estragon, Kerbel, Petersilie, Rosmarin, Schnittlauch, Thymian, Zitronenmelisse und Oregano, die »Herbes des Provençe« aus Thymian, Majoran, Basilikum, Rosmarin, Lavendel und Salbei oder das »Bouquet garni« aus Thymian, Lorbeer und Petersilie, das beim Kochen von Brühen und Suppen als Büschel eingehängt und vor dem Servieren wieder herausgenommen wird.

Zum Schluss als Anregung zum Experimentieren hier noch ein paar bewährte Kombinationen aus meiner Kräuterküche:

▷ Kerbel, Petersilie, Schnittlauch
▷ Estragon, Petersilie, Schnittlauch
▷ Ysop, Petersilie, Zitronenmelisse
▷ Schnittlauch, Petersilie, Ysop
▷ Dill, Schnittlauch, Borretsch
▷ Kerbel, Petersilie, Estragon
▷ Kresse, Petersilie
▷ Borretsch, Petersilie, Bohnenkraut
▷ Dill, Petersilie, Minze
▷ Rosmarin, Lavendel, Knoblauch, Zwiebel
▷ Basilikum, Knoblauch, Petersilie
▷ Petersilie, Minze, Dill, Salbei, Ysop, Rosmarin, Basilikum, Zitronenmelisse

Im folgenden Kapitel mit Kräuterportraits und -rezepten erhalten Sie viele weitere Anregungen für eine kreative Kräuterküche.

Aus dem Schatzkästchen zaubern – 22 Kräuter und ihre Verwendung in der Küche

Basilikum

Für viele ist es das Mittelmeerkraut schlecht-
hin. Angesichts seines edlen Aromas leuchtet
jedenfalls unmittelbar ein, dass sein aus dem
Griechischen stammender Name *(basilikos)*
»königlich« heißt!

Am häufigsten begegnet uns grünes Basilikum als unverzichtbare Zutat des »Insalata Caprese« mit Tomaten und Mozzarella,
der wegen seiner an die italienische Flagge
erinnernden grün-weiß-roten Farben als
Nationalspeise Italiens gilt. Aber es gibt auch
wunderbar aromatische rotblättrige Sorten, die
Sie unbedingt einmal ausprobieren sollten.

Als echtes Kind des Südens liebt Basilikum Licht und Sonne. Es
ist einjährig und wird bei den allerersten Frösten gleich schlapp und
braun. Wenn Sie es in einem Topf anbauen, können Sie seine Lebens-
zeit verlängern, indem Sie es rechtzeitig ins Haus holen. Ein weiterer
triftiger Grund spricht für den Anbau im Topf: Schnecken, die ganz
wild auf Basilikum sind, können aus einem Topf leichter ferngehalten
werden. Sie können Ihre Basilikumpflanze auch im Topf auf die Kräuterspirale stellen. Schauen Sie, wo sie vom optischen Eindruck her am
besten passt. Grundsätzlich braucht es Basilikum trocken und warm,
der Südbereich der Kräuterspirale wäre deshalb sicher am besten geeignet. Bei längerer Trockenheit lässt es allerdings rasch die Blätter hängen.
Da es sowieso am liebsten nur von unten gegossen wird, bietet es sich
an, den Topf in solchen Fällen kurz in den kleinen Teich zu stellen, wo
es mit den Wurzeln Wasser aufnehmen kann.

Frische Blätter können laufend geerntet werden. Pflücken Sie dabei
aber keine ganzen Stängel oder einzelnen Blätter ab, sondern kappen
Sie jeweils die oberen Blattpaare, dann verdoppeln sich die Triebe und
die Pflanze wird immer üppiger. Knipst man auch noch das nächste
Blattpaar mit ab, kann man die Pflanze am Blühen hindern. Am allerbesten schmecken die frischen Blätter des Basilikums. Allenfalls beim

Einfrieren und beim Einlegen in Öl bleibt sein »königliches« Aroma weitgehend erhalten. Zum Trocknen schneidet man die ganzen Pflanzen dicht über der Erde ab, bindet sie zu kleinen Bündeln zusammen und lässt sie an einem schattigen, aber warmen Ort trocken werden. Anschließend werden die Blätter klein geschnitten und luftdicht verstaut. Vom ursprünglichen Basilikum-Aroma geht bei dieser Prozedur jedoch viel verloren.

Basilikum sollte in der Regel nicht mitgekocht, sondern immer frisch ganz zum Schluss dazugegeben werden. (Eine Ausnahme ist die köstliche Sauce in meinem Kräuterlasagne-Rezept auf Seite 28.)

Seine größten Würztugenden entfaltet frisches Basilikum im Zusammenspiel mit Tomaten. Aber auch mit Bohnen oder Mais und zahlreichen anderen Gemüsesorten verträgt es sich gut und kann in vielen Salaten und anderen Speisen aromaspendend zum Einsatz kommen.

Tipps für die Basilikumküche

▷ Entdecken Sie den »Insalata Caprese« neu, indem Sie nur die besten Zutaten nehmen: echten Büffelmozzarella, sonnengereifte Tomaten, knackfrisches Basilikum, feinstes Olivenöl, grobkörniges Salz und frisch gemahlenen Pfeffer. Ein Genuss!

▷ Reichen Sie als Appetitmacher vor dem Essen eine klassische Bruschetta mit hellbraun gerösteter, leicht mit Olivenöl bestrichener Ciabatta, abgezogenen, gewürfelten Fleischtomaten, Salz, Pfeffer, Knoblauch und schwarzen Oliven, hauchdünnen Parmesanscheiben und frischen Basilikumblättern.

▷ Bereiten Sie aus 1 Bund fein gehacktem Basilikum, 3 zerdrückten Knoblauchzehen, 1 sehr fein gehackten Tomate, 8 EL geriebenem Parmesankäse und 8 EL Olivenöl ein leckeres Pesto zu.

▷ Probieren Sie Basilikum als ungewöhnlichen Aromaspender in einer Sommerbowle mit frischen Pfirsichen oder Aprikosen.

▷ Rühren Sie für eine köstliche Pastasauce Ricotta, püriertes Basilikum und gepressten Knoblauch in eine Béchamelsauce ein.

Pizza à la Andrew's

Eine Pizza, die durch ihre Schlichtheit nachhaltig besticht. Wir brachten die Idee aus unserem Lieblingsrestaurant »Andrew's« in New York mit.

500 g Weizenvollkornmehl
1 Päckchen Trockenhefe
1 Ei
5 EL Olivenöl
1 TL Vollrohrzucker
1 TL Salz
¼ l lauwarmes Wasser
Fett für das Blech
1 Zwiebel, gehackt
1 EL Butter oder Margarine
500 g Tomaten
2 EL Tomatenmark
Salz, Pfeffer
2 EL Schlagsahne
250 g Mozzarella
½ Bund Basilikum

- Das Mehl und die Hefe mischen. Mit Ei, Öl, Zucker und Salz sowie dem lauwarmen Wasser zu einem geschmeidigen Teig verkneten.
- Den Teig an einem warmen Ort zugedeckt 1 Stunde gehen lassen und dann auf einem gefetteten Backblech möglichst dünn ausrollen.
- Für die Tomatensauce die Zwiebel in der Butter glasig dünsten.
- Die Tomaten häuten, klein schneiden, zu den Zwiebeln geben und mitdünsten. Mit Tomatenmark, Salz und Pfeffer mild abschmecken.
- Sahne dazugeben und die Sauce mit dem Pürierstab pürieren.
- Den Teig mit der Tomatensauce bestreichen.
- Den Mozzarella abtropfen und in dünne Scheiben schneiden. Die Scheiben in größeren Abständen auf die Pizza legen. Die Pizza bei 180 – 200 °C etwa 30 Minuten backen.
- Pizza vor dem Servieren mit den Basilikumblättern belegen.

Hörnchennudeln mit Mais und getrocknetem Basilikum

Vor dem sahnigen Hintergrund dieses altbewährten Gerichts aus meiner Studenten-Wohngemeinschaftsküche hat Basilikum auch einmal in getrockneter Form einen gelungenen Auftritt.

500 g Vollkorn-Hörnchennudeln
Salz
2 EL Butter oder Margarine
50 g Parmesan, frisch gerieben
200 ml Schlagsahne
1 rote Paprikaschote
200 g gegarter Gemüsemais
200 g Erbsen
2 EL getrocknetes Basilikum

- Die Nudeln in reichlich Salzwasser bissfest kochen.
- Die Butter oder die Margarine in einer Pfanne erhitzen und den Parmesan vorsichtig darin schmelzen lassen.
- Den Parmesan mit der Sahne verrühren.
- Die Paprika in kleine Würfel schneiden.
- Maiskörner, Erbsen, Paprikawürfel und getrocknetes Basilikum in die Sauce geben und etwa 10 Minuten leise köcheln lassen.
- Die Gemüsesauce mit den Nudeln vermischen und sofort servieren.

Kräuterlasagne

Lecker und auch in festlichen Runden immer ein Erfolg!

Für die Tomatensauce:

500 g Tomaten
2 EL Tomatenmark
1 Bund Majoran, gehackt
½ TL Salz

Für die Béchamelsauce:

5 EL Butter oder Margarine
8 EL Weizenvollkornmehl
¾ l kalte Milch
250 g Ricotta

Für die Kräutersauce:

2 Bund Basilikum, fein gehackt
½ Bund glatte Petersilie, fein gehackt
2 Knoblauchzehen, zerdrückt
½ TL Salz
100 g Parmesan, frisch gerieben

12 Lasagneblätter
250 g Mozzarella, fein gewürfelt

- Für die **Tomatensauce** die Tomaten häuten, klein schneiden und zerdrücken. Die Tomaten erhitzen und etwa 10 Minuten einkochen lassen. Tomatenmark, Majoran und Salz einrühren.
- Für die **Béchamelsauce** die Butter oder Margarine schmelzen, Mehl anschwitzen, von der Herdstelle nehmen, Milch einrühren und mit einem Schneebesen klümpchenfrei verquirlen. Unter kräftigem Rühren aufkochen und andicken lassen. Mit Salz abschmecken.
- Ein Drittel der Sauce im Mixer mit dem Ricotta verrühren und aus dem Mixer in eine Schüssel geben und beiseite stellen.

- Für die **Kräutersauce** die Kräuter, Knoblauch und Salz im Mixer zu einer glatten Masse verarbeiten, restliche Béchamelsauce und Parmesan dazugeben.
- Die Hälfte der Tomatensauce in eine rechteckige Auflaufform gießen, 3 Lasagneblätter darauflegen, die Hälfte der Kräutersauce über die Blätter streichen. 3 weitere Lasagneblätter darüberbreiten, die gesamte Béchamelsauce darauf verteilen. 3 weitere Lasagneblätter darübergeben, darauf die restliche Tomatensauce streichen. Schließlich die letzten 3 Lasagneblätter auflegen und mit der restlichen Kräutersauce bedecken.
- Die Form mit Backpapier bedecken und im Backofen bei 180 – 200 °C 30 Minuten backen. Papier abnehmen, die Lasagne mit Mozzarella bestreuen und weitere 30 Minuten backen. Vor dem Servieren etwa 20 Minuten im warmen, leicht geöffneten Ofen ruhen und festigen lassen.

☀ *Tipp:*

Diese Lasagne lässt sich wunderbar »in Etappen« zubereiten: Dazu am Vortag bereits die Tomaten- und die Bechamelsauce kochen. Die Saucen gut verpackt und kühl aufbewahren. Am nächsten Tag jeweils Ricotta und Kräuter unter die Bechamelsauce ziehen und die Lasagne fertig zubereiten.

Oder Sie bereiten die Lasagne so weit vor, dass sie nur noch in den Ofen muss und stellen die Auflaufform so lange in den Kühlschrank – ideal, wenn Gäste kommen und die Küche aufgeräumt sein soll!

Bohnenkraut

Schon die Römer kannten es, die Mönche brachten es zu Beginn des Mittelalters mit nach Mitteleuropa, Hildegard von Bingen empfahl es, und die Pilgermütter und -väter nahmen es auf der Mayflower mit nach Amerika: das Bohnenkraut.

Grundsätzlich voneinander zu unterscheiden sind das zartere und mildere, einjährige Sommer- oder Gartenbohnenkraut *(Satureja hortensis)* und das gröbere und würzigere, mehrjährige Winter- oder Bergbohnenkraut *(Satureja montana)*. Bei beiden aber ist der Name Programm: In der Küche finden sie hauptsächlich als Beikraut von Bohnengerichten Verwendung. Bohnenkrautblätter schmecken pfeffrig und sehr aromatisch. Sie lassen sich frisch im Kühlschrank aufbewahren oder fein gehackt mit etwas Wasser in der Eiswürfelschale einfrieren. Auch wenn man einzelne Blätter oder kleine Zweige beim robusten Winterbohnenkraut durchaus auch noch in der kalten Jahreszeit frisch ernten kann, kommt dann meist getrocknetes Bohnenkraut zum Einsatz, das ebenfalls sehr aromatisch schmeckt. Traditionell verfeinert es Bohnengemüse und -salate, aber auch Erbsen- und andere Suppen, Eintopfgerichte, grüne Salate. Saucen und Kräuteromeletts gewinnen durch das Bohnenkraut. Besonders beliebt ist es als Käsegewürz, passt zu milden ebenso wie zu pikanten Käsesorten und gehört in manchen Käsereien zum festen Gewürzrepertoire. Eine schöne Variante ist das Zitronenbergbohnenkraut, eine neuere Varietät, bei der das typische Bohnenkrautaroma etwas in den Hintergrund tritt und vom warmen Zitronenaroma verfeinert wird.

Auf der Kräuterspirale steht das wärmeliebende Bohnenkraut im oberen Bereich. Seine Blattbildung lässt sich fördern, indem man die Pflanze vor der Blüte auf zehn Zentimeter kürzt. Im Gegensatz zu ande-

ren Kräutern erreicht das Bohnenkraut während der Blüte sein bestes Aroma, sollte also für den Wintervorrat während der Blüte geerntet werden.

Frisches Bohnenkraut wird mit Stängeln und Blättern verwendet. Sie können es aber auch leicht selber trocknen. Dafür schneiden Sie die Stängel des einjährigen Krauts dicht über dem Boden und die des mehrjährigen etwa zehn Zentimeter darüber ab (damit die Pflanze weiter austreiben kann). Die Stängel binden Sie zu Sträußen zusammen und hängen sie kopfüber an einem dunklen, luftigen Ort zum Trocknen auf. Danach werden die Blätter leicht von den Stängeln gestreift und in gut verschlossenen Dosen aufbewahrt.

Um sein herbes Aroma voll entwickeln zu können, sollte Bohnenkraut stets mitgekocht werden. Verwenden Sie es aber lieber nicht gemeinsam mit Majoran oder Oregano; sein Aroma »beißt« sich schnell mit dem dieser Kräuterkollegen. Mit Ysop und Thymian, Borretsch und Petersilie dagegen harmoniert es ausgesprochen gut.

Tipps für die Bohnenkrautküche

▷ Das würzige Bohnenkrautaroma wird von Essig sehr gut aufgenommen. Geben Sie ein paar Stängel Bohnenkraut in einen guten Weinessig, stellen Sie die Flasche an einen sonnigen Platz und seihen Sie den Essig nach etwa 4 Wochen durch ein Sieb ab.

▷ Probieren Sie einen Eintopf aus gemischten, über Nacht eingeweichten und mit mehreren Stängeln Bohnenkraut gekochten Hülsenfrüchten, den Sie mit in Balsamico-Essig marinierten Tofuwürfeln servieren.

▷ Braten Sie in der Pfanne eine Gemüsebeilage aus in Scheiben geschnittenen Artischockenherzen und grünen Bohnen, gewürzt mit Knoblauch, Salz, Pfeffer und reichlich Bohnenkraut.

▷ Kochen Sie ein Kräuterrisotto, in das Sie gleich beim Anbraten klein geschnittene, getrocknete Tomaten und jeweils 2 TL Rosmarin, Thymian, Bohnenkraut und Lavendel sowie 1 Lorbeerblatt geben.

Three-Bean-Salad
(Salat von dreierlei Bohnen)

Ein amerikanischer Klassiker und eine wahre Eiweißbombe! Die Dicken Bohnen lassen sich auch durch Kidneybohnen ersetzen. Werden getrocknete Bohnen verwendet, sollte man sie am Vorabend einweichen.

300 g grüne Bohnen
300 g gelbe Bohnen (Wachsbohnen)
300 g frische Dicke Bohnen
2 Stängel Bohnenkraut
Salz
1 grüne Paprikaschote
2 rote Zwiebeln, grob gehackt
1 Knoblauchzehe, zerdrückt
80 ml Essig
1 EL Vollrohrzucker
4 EL Olivenöl
½ TL vegetarische Worcestersauce (ohne Sardellen)
Pfeffer

- Die Bohnen mit dem Bohnenkraut in Salzwasser etwa 15 – 20 Minuten garen, in ein Sieb abgießen und abkühlen lassen. Das Bohnenkraut entfernen.
- Die Paprikaschote fein würfeln und mit den Bohnen und den gehackten Zwiebeln mischen.
- Die restlichen Zutaten zu einer Salatsauce vermischen.
- Die Salatsauce mit Salz und Pfeffer abschmecken und über die Bohnen gießen.
- Den Salat gut vermischen und vor dem Servieren noch einmal etwa 30 Minuten durchziehen lassen.

Kartoffelgratin mit Bohnenkraut

1 kg Kartoffeln
Fett für die Form
2 EL Bohnenkrautblätter, gehackt
½ TL Salz
Pfeffer
¼ l Schlagsahne
⅛ l Milch
1 Knoblauchzehe, gepresst
100 g Greyerzer Käse, frisch gerieben
1 EL Butter oder Margarine

- Die Kartoffeln schälen und in dünne Scheiben schneiden. Kartoffelscheiben dachziegelartig in eine gefettete Auflaufform legen und mit Bohnenkraut, Salz und Pfeffer bestreuen.
- Die Sahne und die Milch mit dem Knoblauch verquirlen und über die Kartoffeln gießen.
- Den Käse reiben. Die Kartoffeln mit dem Käse bedecken und zuletzt die Butter oder Margarine in Flöckchen aufsetzen.
- Die Auflaufform mit einem Deckel oder mit Backpapier bedecken.
- Das Gratin bei 180 – 200 °C etwa 50 Minuten garen. Deckel oder Papier abnehmen und das Kartoffelgratin in weiteren 10 Minuten braun werden lassen.

Kartoffelsuppe mit grünen Bohnen

1 Zwiebel, gehackt
2 EL Butter oder Margarine
600 g mehlig kochende Kartoffeln
½ l Gemüsebrühe
¼ l Milch
300 g grüne Bohnen
2 Stängel Bohnenkraut
Salz, Pfeffer
4 Sojawürstchen
2 EL Petersilie, fein gehackt

- Die gehackte Zwiebel in der Butter oder Margarine glasig dünsten.
- Die Kartoffeln schälen und würfeln. Kartoffelwürfel zu den Zwiebeln geben und unter Rühren noch kurz mitdünsten lassen.
- Gemüsebrühe und Milch zugießen und etwa 20 Minuten leise köcheln lassen.
- In einem zweiten Topf die Bohnen mit dem Bohnenkraut leicht mit Wasser bedecken, zum Kochen bringen und etwa 10 Minuten nicht zu weich garen.
- Die Bohnen in ein Sieb gießen und abtropfen lassen.
- Die Kartoffelsuppe im Mixer oder mit dem Pürierstab pürieren, Bohnen hinzufügen und mit Salz und Pfeffer kräftig würzen.
- Die Sojawürstchen in Scheiben schneiden und in der Suppe erwärmen.
- Kurz vor dem Servieren mit der Petersilie bestreuen.

Ligurisches Bohnen-Nudel-Gericht

3 l Wasser
300 g grüne Bohnen
4 mittelgroße Kartoffeln
200 g Vollkorn-Röhrchennudeln
4 EL Parmesan, frisch gerieben
2 – 4 Knoblauchzehen, zerdrückt
1 Bund Bohnenkraut, fein gehackt
4 EL Olivenöl
1 EL Zitronensaft
Salz, Pfeffer

- In einem großen Topf das Wasser zum Kochen bringen. Grüne Bohnen hineingeben und etwa 10 Minuten kochen lassen.
- Die Kartoffeln schälen, vierteln und in Scheiben schneiden.
- Kartoffelscheibchen und Nudeln zu den Bohnen geben und weitere 8 – 12 Minuten kochen lassen, bis die Nudeln bissfest gegart sind, dann abgießen (10 EL vom Kochwasser aufbewahren).
- Parmesan, Knoblauch, Bohnenkraut, Öl und Zitronensaft vermischen. Mit Salz und Pfeffer kräftig würzen.
- Das Kochwasser unter die Sauce rühren und alles unter die heißen Nudeln und die Bohnen mischen.

Borretsch

Borago officinalis erfreut uns im Garten vor allem durch seine strahlend blauen, wunderhübschen Blüten. Kein Wunder, dass er im Volksmund Namen wie »Augenzier«, »Blauhimmelstern« oder »Liebäuglein« trägt.

Die schönen Blüten erscheinen vom Frühjahr bis zum ersten Frost. Der in ihnen enthaltene Farbstoff kann als Indikator wirken: Wie Lackmus verfärbt er sich rot, wenn er mit sauren Lösungen in Berührung kommt. Auch bei älteren Blüten ist manchmal eine leichte Rotfärbung zu beobachten.

Ob rötlich oder blau – bei Bienen und Hummeln sind die Blüten äußerst beliebt. Im naturnahen Garten ist der Borretsch deshalb eine ideale Insektenweide. Das aus den Samen gewonnene Öl kommt in der Naturheilkunde zum Einsatz. Aufgrund des hohen Gehalts an Gamma-Linolensäure soll es die Beschwerden bei rheumatischer Arthritis und Neurodermitis lindern.

Der bis zu 60 Zentimeter hohe Borretsch ist einjährig. Einmal ausgesät, neigt er dazu, sich ganz von selbst kräftig auszusamen, sodass man regelmäßig nachschauen muss, ob die vielköpfige Nachkommenschaft auch nicht überhandnimmt. Wegen dieses starken Ausbreitungsdrangs ist es auch sinnvoll, den Borretsch neben der Kräuterspirale auszusäen. Im nächsten Frühjahr sollte man dann zunächst abwarten, wo junge Borretschpflanzen nachwachsen, die man aber zum Glück an den silbrig hellgrünen, fleischigen und stark behaarten Blättern gut erkennen kann. Sobald sie etwas kräftiger sind, kann man sie dann leicht an die Stelle umsetzen, an der man sie haben will.

Den grau behaarten Blättern, die noch jung und zart am allerbesten schmecken, entströmt ein intensiver Gurkengeruch – daher auch die Bezeichnung »Gurkenkraut«. Fein gehackt schmecken sie aber nicht nur im Gurkensalat, sondern verleihen allen Salaten und herzhaften Quarkspeisen einen besonders frischen Geschmack. Auch aus der berühmten hessischen Spezialität, der »Grünen Soße«, sind sie nicht

wegzudenken. Gekocht als Beigabe zu Mangold oder Spinat, verfeinern sie deren Aroma und lassen die Farbe intensiver erscheinen. Allerdings verwendet man nur die frischen Blätter; beim Trocknen verlieren sie ihr Aroma. Wegen der rauen Härchen empfiehlt es sich, die Blätter klein zu hacken.

Die fröhlich quietschblauen Blüten des Borretsch wiederum gehören zu den Klassikern der essbaren Blüten. Als Verzierung auf Salaten, Quarkspeisen und Desserts machen sie gleichermaßen viel her. Die Blüten lassen sich leicht an Ort und Stelle von der Pflanze abziehen. (Das behaarte Kelchblatt sollte dabei zurückbleiben.) Die Verwendungsmöglichkeiten sind schier unbegrenzt. Setzen Sie die Blüten als blaue Farbtupfer auf Gurken- oder Bohnensalate, Pastagerichte, Kompott, Obstsalat, Pudding, Käsekuchen oder weiße Dips. Mit ihrer frischen Farbe heben sie überall das Stimmungsbarometer. Ziehen Sie reichlich Nutzen aus diesem natürlichen Antidepressivum aus dem eigenen Kräutergarten!

Tipps für die Borretschküche

▷ Gönnen Sie sich den Luxus kandierter Borretschblüten, die Sie als Verzierung edler Torten nutzen, als exquisite Knabberei aber auch pur servieren können. Bepinseln Sie dafür die Blüten vorsichtig mit Eischnee, bestreuen Sie sie aus einem Sieb mit Puderzucker und lassen Sie sie ausreichend trocknen. In luftigen Pappschachteln aufbewahrt, halten Sie sich gut einige Wochen.

▷ Bereiten Sie aus Borretschblättern, Sonnenblumenkernen, Salz, Pfeffer und Olivenöl ein besonders frisches Pesto zu.

▷ Braten Sie 1 Handvoll Borretschblätter mit Zwiebeln, Knoblauch, Zucchini, Austernpilzen und 1 gewürfelten Aubergine an, lassen Sie das Gemüse etwa 15 Minuten schmoren, bestreuen Sie es mit Borretschblüten und servieren Sie es zu Bandnudeln.

▷ Bereichern Sie eine pürierte Kartoffelsuppe mit scharf angebratenen Pfifferlingen und Borretschblättern und garnieren Sie die Suppe mit einigen Borretschblüten.

▷ Schichten Sie beim Einlegen von Gurken auch Borretschblätter in die Gläser ein.

Kalte Gurkensuppe

Genau die richtige Erfrischung für einen heißen Sommertag!

1 Bund Borretsch
½ Bund Petersilie
½ Bund Dill
2 Zweige Zitronenmelisse oder Minze
2 Salatgurken
1 Zwiebel, grob gehackt
1 Knoblauchzehe, grob gehackt
¼ l kalte Gemüsebrühe
500 g Joghurt
Salz, Pfeffer, Vollrohrzucker
vegetarische Worcestersauce (ohne Sardellen)
1 Handvoll Borretschblüten

- Borretsch, Petersilie, Dill und Melisse grob hacken.
- Die Salatgurken schälen und grob würfeln.
- Gurken, Zwiebel, Knoblauch, Kräuter und Gemüsebrühe zusammen im Mixer oder mit dem Pürierstab fein pürieren.
- Den Joghurt unter die Suppe rühren. Mit Salz, Pfeffer, Zucker und Worcestersauce abschmecken.
- Die Suppe mit Borretschblüten garnieren und sofort servieren.

Meerrettichquark

Ein Lieblingsrezept für alle, die – wie ich – nach der Schärfe des Meer-
rettichs süchtig sind. Wer Meerrettich nicht so gern mag, kann sich diesen Kräuterquark aber natürlich auch »ohne« schmecken lassen.

250 g Quark
1 EL geriebener Meerrettich
¼ Salatgurke
4 EL Schnittlauch, sehr fein geschnitten
4 EL Petersilie, sehr fein gehackt
1 EL Pimpinelle, sehr fein gehackt
1 EL junge Borretschblätter, sehr fein gehackt
einige frisch gepflückte Borretschblüten

- Den Quark und den Meerrettich vermischen.
- Die Salatgurke schälen und sehr klein würfeln.
- Die übrigen Zutaten bis auf die Borretschblüten unter den Quark
  heben und an einem kühlen Ort einige Stunden gut durchziehen
  lassen.
- Kurz vor dem Servieren die Borretschblüten vorsichtig aufsetzen.

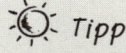 **Tipp:**
Meerrettichquark ist ein leckerer Brotaufstrich, schmeckt aber auch
gut zu jungen Pellkartoffeln oder als Dip mit Möhren- und Gur-
kensticks, Paprikastreifen und anderem frischen Gemüse. Variieren
Sie ihn je nach Lust und Laune auch einmal mit einer geraspelten
Roten Bete und/oder einem geraspelten Apfel oder ziehen Sie ein in
Stifte geschnittenes Bund Radieschen unter.

Grüne Soße

Die Nationalspeise meiner hessischen Heimat. Trotz zahlreicher Varianten sind sich alle ihre Liebhaber über die beiden wichtigsten Regeln der Zubereitung einig: 1. Es muss unbedingt die magische Anzahl von sieben verschiedenen Kräutern verwendet werden. 2. Die Sauce muss am Vortag zubereitet werden, damit sie so richtig gut durchziehen und ihr Aroma voll entfalten kann.

4 hart gekochte Eier
2 EL Öl
2 EL Senf
Salz, Pfeffer
Paprika, gemahlen
150 g saure Sahne
1 l Dickmilch
3 Tassen sehr fein gehackte Kräuter, und zwar zu gleichen Teilen:
 Schnittlauch, Petersilie, Borretsch, Pimpinelle, Zitronenmelisse, Kerbel
 und Dill

- Die Eier pellen und in der Mitte durchschneiden, die Eigelbe herauslösen.
- Eigelbe in eine Schüssel geben, mit einer Gabel zerdrücken und mit dem Öl und dem Senf zu einer cremigen Masse verrühren. Mit Salz, Pfeffer und gemahlenem Paprika kräftig würzen.
- Die saure Sahne und die Dickmilch dazugeben und alles gut vermischen.
- Die Eiweiße in kleine Stücke schneiden und ebenfalls unterrühren.
- Zum Schluss die fein gehackten Kräuter unterziehen.
- Die Grüne Soße über Nacht zugedeckt an einem kühlen Ort stehen lassen.
- Dazu gibt's frische Pellkartoffeln mit Butter und Salz.

Erdbeerbowle mit Borretschblüten

500 g Erdbeeren
2 EL Vollrohrzucker
1 Flasche Weißwein
1 Flasche Sekt, gut gekühlt
2 Handvoll frisch gepflückte Borretschblüten

- Die Erdbeeren halbieren.
- Erdbeeren, Zucker und eine halbe Flasche Weißwein vermischen und einige Stunden ziehen lassen.
- Den restlichen Weißwein und Sekt angießen, die Borretschblüten auf der Flüssigkeit schwimmen lassen und die Bowle sofort servieren.

☼ Tipp:
Wer die Bowle lieber ohne Alkohol trinken mag, nimmt statt des Weißweins 2 Flaschen Biolimonade und statt des Sekts 1 Flasche gut gekühltes Mineralwasser mit Kohlensäure.

Brunnenkresse

Der Teich vor der Kräuterspirale oder jede andere kleine Wasserstelle im Garten bietet die Chance, die sonst wild an Bachufern vorkommende *Nasturtium officinale* in den eigenen Garten zu holen und dessen kulinarisches Spektrum damit enorm zu erweitern. Das durch die enthaltenen Schwefelverbindungen fast meerrettichscharfe Kraut ist superlecker und ebenso gesund, in Läden und auf Märkten aber nur schwer aufzutreiben. Ein wirklich sauberer Bachlauf mit einer guten Kressestelle ist auch nicht überall leicht zu finden. Wie schön, dass wir den schmackhaften, guten Wassergeist ab jetzt ganz in unserer Nähe haben.

In ein feuchtes, schattiges Beet können Sie die Brunnenkresse selbst aussäen. Noch einfacher ist es, Stängel einer alten Pflanze zu kappen und zum Bewurzeln in eine Schale mit Wasser zu stellen. Setzen Sie Ihre jungen Kressepflanzen ganz dicht ans Wasser und sorgen Sie für einen möglichst feuchten Uferbereich. Nun brauchen Sie nur noch daran zu denken, Ihre Wasserstelle bei Trockenheit regelmäßig aufzufüllen. Ehe Sie sich versehen haben, wird die Brunnenkresse in die Wasserfläche hineingewachsen sein.

Junge Brunnenkresseblätter kann man laufend ernten, solange die Pflanzen noch nicht blühen. Am besten und aromatischsten sind sie jedoch im zeitigen Frühjahr, was gut zu ihrer traditionellen Verwendung als Teil einer vitaminreichen Frühjahrskur passt. Leider eignet sich die Brunnenkresse nicht zum Trocknen, sollte also stets frisch verwendet werden.

Mit ihren Kreuzblütler-Verwandten Rettich und Meerrettich hat die Brunnenkresse den hohen Gehalt an hochwirksamen Senfölen gemeinsam. Senföle sind schwefelhaltige Verbindungen mit antibiotischer, keimtötender und reinigender Wirkung, denen die moderne Forschung zudem cholesterinsenkende und krebsvorbeugende Eigen-

schaften zuspricht. Neben Bitter- und Gerbstoffen enthält Brunnenkresse darüber hinaus reichlich Eisen und Vitamin C, ferner die Vitamine A und E und seltene Mineralien (wie Schwefel und vor allem Jod), die auch für den typischen, scharf-bitteren Geschmack verantwortlich sind. Im Alpenvorland gilt die Brunnenkresse deshalb auch von alters her als Anti-Kropf-Mittel.

In der Küche wird vor allem das frische junge Kraut geschätzt. Der Samen schmeckt ähnlich wie Senf und wird auch so verwendet. Brunnenkresseblätter passen zu Kopf-, Gurken-, Tomaten- oder Kartoffelsalat, Quark, Omeletts, Rühreiern und Sandwiches. Da sie schnell welken, sollten sie immer ganz frisch auf den Teller kommen. Wie so oft führt deshalb der letzte Gang vor dem Essen noch einmal hinaus in den Garten …

Tipps für die Brunnenkresseküche

▷ Mischen Sie 1 Bund grob gehackte Brunnenkresse mit 250 g Rapunzel (Feldsalat) und machen Sie den Salat mit einer Sauce aus je 1 EL Sojasauce, Olivenöl und Balsamico-Essig an.

▷ Verkneten Sie 250 g weiche Butter mit 1 – 2 EL geriebenem Meerrettich und 1 Bund fein gehackter Brunnenkresse und schmecken Sie sie mit Salz und Pfeffer ab.

▷ Erfrischen Sie sich im Sommer mit einer kalten, pürierten Gurkensuppe aus Gurke, Brunnenkresse und Dickmilch, die Sie mit Zitronensaft, Salz, Pfeffer und grüner Tabascosauce abschmecken.

▷ Pürieren Sie für ein pikantes Salatdressing Brunnenkresse mit etwas Gemüsebrühe und mischen Sie dieses Püree dann mit Joghurt, Salz, Pfeffer, Zitronensaft und etwas Zucker.

▷ Probieren Sie Brunnenkresse als würziges i-Tüpfelchen in einem feinen Spargelsalat.

▷ Geben Sie fein gehackte Brunnenkresse mit in einen herzhaften Pfannkuchenteig.

▷ Mischen Sie mit etwas Milch pürierte Brunnenkresse unter Ihr nächstes Kartoffelpüree.

Brunnenkresse-Kartoffel-Salat

500 g festkochende Kartoffeln
⅛ l heiße Gemüsebrühe
3 EL Kräuteressig
1 TL Senf
1 Zwiebel, fein gehackt
Pfeffer
einige Spritzer Tabascosauce
100 g braune Champignons
2 Handvoll Brunnenkresse, fein gehackt
Saft einer halben unbehandelten Zitrone
1 Prise Vollrohrzucker
5 EL Sonnenblumen- oder Sojaöl

- Die Kartoffeln in der Schale garen, pellen und in Scheiben schneiden.
- Heiße Brühe mit Essig, Senf, gehackter Zwiebel, etwas Pfeffer und Tabascosauce mischen, über die Kartoffeln gießen, abkühlen und durchziehen lassen.
- Die Champignons in feine Scheiben schneiden.
- Gehackte Kresse und die Champignonscheiben vorsichtig unter den Kartoffelsalat mischen.
- Zitronensaft mit Zucker und Öl verschlagen und unter die Kartoffeln heben.

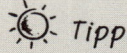 **Tipp:**
Streuen Sie vor dem Servieren noch einige Kresseblättchen oder Blüten von Schnittlauch, Borretsch oder Kapuzinerkresse über den Salat.

Brunnenkressesuppe

Eine ganz einfache, aber feine Suppe. Eine ausgefallene Vorspeise zu einem edlen Menü.

2 dicke Bund Brunnenkresse, fein gehackt
1 l Gemüsebrühe
250 g saure Sahne
Salz, Pfeffer
einige Kresseblätter zum Garnieren

- Brunnenkresse in der Gemüsebrühe etwa 10 Minuten kochen.
- 200 g saure Sahne zugeben, die Suppe im Mixer oder mit dem Pürierstab fein pürieren (auf Wunsch zusätzlich durch ein Sieb streichen).
- Die Suppe mit Salz und Pfeffer nach Belieben abschmecken.
- Mit der restlichen sauren Sahne und den Brunnenkresseblättern garnieren.

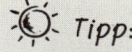 **Tipp:**
Auch diese Suppe wirkt noch schöner, wenn Sie ein paar hübsche Blüten von Schnittlauch, Borretsch oder Gänseblümchen auf ihr schwimmen lassen.

Spaghetti mit Brunnenkresse und Basilikum

Eine sehr schöne Alternative zu Spaghetti mit Pesto – wunderbar würzig, nussig, mediterran!

500 g Vollkornspaghetti
Salz
1 Bund Brunnenkresse
1 Bund Basilikum
2 Frühlingszwiebeln
3 EL Olivenöl
50 g Pecannüsse (oder Walnüsse)
50 g Parmesan, frisch gerieben

- Die Spaghetti in reichlich Salzwasser bissfest garen.
- Brunnenkresse, Basilikum und Zwiebeln fein hacken und im heißen Olivenöl bei mittlerer Hitze wenige Minuten dünsten.
- Die Nüsse grob hacken und in einer Pfanne ohne Fett anrösten.
- Geröstete Nüsse mit der Kräuter-Zwiebel-Mischung unter die Nudeln ziehen.
- Die Spaghetti portionsweise mit Parmesan bestreuen.

 Tipp:
Verwenden Sie für alle Pastagerichte unbedingt echten Parmesan, den Sie erst kurz vor dem Essen selbst grob reiben. Sein Aroma ist mit den Fertigstreuseln aus der Packung nicht zu vergleichen – Alfred Biolek sagte zu Recht, ihr Geschmack erinnere ihn an »geraspelte Regenschirmgriffe«!

Brunnenkressesandwich

Ein Sandwich, wie es im amerikanischen Bilderbuch steht. Dazu passen eine Handvoll Tortilla Chips und ein Eistee.

Pro Person:

2 Scheiben Vollkorntoast
1 EL Mayonnaise
2 EL Brunnenkresse, fein gehackt
4 Scheiben Salatgurke
1 Scheibe Seitan-Aufschnitt (aus dem Naturkostladen)
1 Blatt Eisbergsalat
1 TL Senf
4 Tomatenscheiben
Salz, Pfeffer
4 Zahnstocher zum Feststecken

- Beide Toastbrotscheiben mit Mayonnaise bestreichen und mit fein gehackter Brunnenkresse bestreuen.
- Eine Scheibe mit den Gurkenscheiben und mit Wheaty belegen.
- Salatblatt aufdrücken und dünn mit Senf bestreichen.
- Zum Schluss die Tomatenscheiben auflegen und mit Salz und Pfeffer bestreuen.
- Die zweite Scheibe darüberklappen und mit Zahnstochern feststecken.
- Zweimal diagonal durchschneiden, sodass 4 Dreiecke entstehen.

Dill

Anethum graveolens ist eine uralte Würz- und Heilpflanze, die ursprünglich im Mittelmeergebiet und in Vorderasien heimisch war. Bereits die Ägypter verwendeten ihn, und die römischen Gladiatoren rieben sich vor ihren Kämpfen die Körper mit Dillöl ein. Schon im ersten Jahrhundert soll er nach Mittel- und Nordeuropa gekommen sein. Zu Zeiten Karls des Großen gehörte er jedenfalls fest zum kaiserlich festgeschriebenen Pflanzenrepertoire.

Geschmacklich ist Dill mit Kümmel, Anis und Fenchel verwandt. Junge Eltern schätzen ihn, weil er wie sein Bruder, der Fenchel, milchbildend wirkt und die Blähungen von Säuglingen lindert.

Die Verwendung als Küchengewürz ist regional sehr unterschiedlich. In Skandinavien und im Baltikum wird er häufig verwendet, in der zentral- und osteuropäischen Küche spielt er eine große Rolle, und in Ungarn wird das meiste Dillöl hergestellt. In den Küchen der romanischen Länder dagegen kommt Dill nur äußerst selten vor.

Die bis zu einem Meter hoch wachsenden Dillpflanzen sind einjährig und müssen deshalb in jedem Frühling erneut ausgesät werden. Besonders ratsam ist es, immer nur eine kleine Menge Dillsamen auszubringen und dann in monatlichen Abständen nachzusäen, sodass Sie immer frischen Dill zur Verfügung haben.

Auf der Kräuterspirale halten Sie ihm im unteren Bereich mit relativ nahrhaftem, humushaltigem Boden ein Plätzchen frei. Er kann aber auch sehr gut im Gemüsegarten, z. B. zwischen den Möhren stehen.

In der Küche werden die frischen Sprossspitzen und die getrockneten Dillsamen verwendet. Die Sprossspitzen werden abgeschnitten, ehe sich Blüten gebildet haben, weil ihre Würzkraft dann am stärksten ist. Sie schmecken am besten frisch, können aber auch im lichten Schatten getrocknet und in braunen Glasbehältern für den Winter aufbewahrt werden.

Die Samen erntet man kurz vor der Vollreife, wenn sie sich zu bräunen beginnen, und zwar am besten in ganzen Dolden am frühen Morgen, wenn noch Tau auf den Pflanzen liegt. Hängt man die Dolden dann über einem Tuch auf, fallen die Früchte nach und nach heraus, wenn der Tau abtrocknet. Einen Teil der Samen können Sie als Gewürz verwenden, den Rest heben Sie bis zum nächsten Frühjahr auf und haben dann gleich Ihr eigenes Saatgut, auf das Sie jederzeit zurückgreifen können.

Dillspitzen schmecken lecker in frischen Salaten und in allen kalten oder warmen weißen, mit Süß- oder Sauerrahm angerührten Saucen, aber auch zu Frischkäse, Tomaten und Eierspeisen. Dillsamen sind ein besonders aromatisches Brotgewürz.

Tipps für die Dillküche

▷ Fügen Sie dem Kochwasser von Erbsen oder Möhren 1 – 2 Dillzweige zu.

▷ Stellen Sie durch Einweichen von Dillsamen in gutem Essig einen süßlich würzigen Dillessig her.

▷ Legen Sie beim Einmachen von Essiggurken je Einmachglas 1 – 2 abgeschnittene Dillblütendolden mit ein.

▷ Verkneten Sie reichlich fein gehackten Dill mit weicher Butter, streichen Sie diese in scheibenweise eingeschnittene Baguettebrote und backen Sie sie etwa 15 Minuten im Ofen auf, bis sie kross und knusprig sind und die Dillbutter geschmolzen ist.

▷ Heben Sie in Butter oder Margarine angeröstete Mandelblättchen und fein gehackten Dill unter frisch gekochten Reis.

▷ Rühren Sie aus halbsteif geschlagener Schlagsahne, Joghurt und fein gehacktem Dill ein Dressing für einen erfrischenden Apfel-Gurken-Salat an.

▷ Bestreuen Sie Ihren nächsten Tomatensalat mit fein gehackten Frühlingszwiebeln und Dill.

Sellerie-Birnen-Salat mit Dill und Maronen

4 Stangen Sellerie
1 Bund Dill
4 große, reife Birnen
1 kleiner Eisbergsalat
8 gekochte Maronen
80 g Haselnüsse
3 EL weißer Balsamico-Essig
2 EL grobkörniger Senf
½ TL Salz
8 EL Olivenöl

- Den Stangensellerie in dünne Scheiben schneiden. Den Dill grob hacken.
- Die Birnen in kleine Würfel und den Eisbergsalat in feine Streifen schneiden.
- Die Maronen vierteln. Die Haselnüsse grob hacken und einer Pfanne ohne Fett rösten.
- Essig, Senf und Salz mit dem Schneebesen verquirlen, nach und nach das Öl unterrühren.
- Sellerie und Dill mit dem Dressing begießen und die anderen Zutaten vorsichtig unterheben.

☼ Tipp:

Maronen sind die essbaren Nüsse des Edelkastanienbaums. Ihr hoher Kohlenhydratgehalt unterscheidet sie von den meisten anderen Nüssen, die vor allem Fette enthalten. (Die wenigen Fette der Maronen sind dennoch sehr gesund!) Auch ihr Gehalt an wertvollen Aminosäuren ist hoch. Außerdem schmecken sie äußerst lecker und lassen sich, wie z. B. in diesem Salat, vielfältiger kombinieren, als man gemeinhin denkt. Sie können die Maronen fertig geschält und gekocht im Naturkostladen kaufen; ihre Weiterverwendung wird dadurch ganz leicht gemacht.

Warme Gurkensuppe

1 große Stange Lauch
1 Knoblauchzehe, zerdrückt
2 EL Öl
3 mittelgroße Kartoffeln
1 l Gemüsebrühe
1 große Salatgurke
200 ml Milch oder Schlagsahne
Kräutersalz, Pfeffer
1 Bund Dill, fein gehackt

- Lauch in schmale Streifen schneiden und mit dem Knoblauch in Öl glasig dünsten.
- Kartoffeln schälen, würfeln und mit der Gemüsebrühe zum Lauch geben.
- Die Suppe etwa 15 Minuten kochen lassen. Im Mixer oder mit dem Pürierstab pürieren.
- Die Gurke fein würfeln, mit der Milch oder Sahne in die Suppe geben und weitere 5 Minuten kochen.
- Mit Kräutersalz und Pfeffer abschmecken, Dill einstreuen und sofort servieren.

Blattsalat mit Dill und Johannisbeer-Vinaigrette

Ein farbenfroher, aromatischer Sommersalat!

250 g gemischter Blattsalat
*   (z. B. Eisberg, Lollo Rosso, Rucola, Eichblatt, Radicchio und Feldsalat)*
½ Bund Dill, grob gehackt
80 g rote Johannisbeeren
5 EL Himbeeressig
3 EL Vollrohrzucker
5 EL Oliven- oder Walnussöl
1 TL körniger Senf
Salz, Pfeffer
1 – 2 EL Borretschblüten

- Den Blattsalat waschen und in mundgerechte Stücke zupfen.
- Salat und Dill in eine Schüssel geben.
- Von den Johannisbeeren einige Rispen für die Dekoration beiseite legen.
- Die restlichen Beeren mit dem Himbeeressig und 2 EL Zucker aufkochen, durch ein Sieb streichen und abkühlen lassen.
- Öl und Senf einrühren, die Vinaigrette mit Salz und Pfeffer abschmecken und unter den Salat heben.
- Die Johannisbeerrispen mit Wasser befeuchten, im restlichen Zucker wälzen und auf den Salat legen.
- Den Salat zuletzt mit den Borretschblüten verzieren.

 Tipp:
Wenn gerade keine Johannisbeerzeit ist, können Sie anstelle der frischen Früchte auch Johannisbeergelee in eine Salatsauce aus Walnussöl und Himbeeressig einrühren.

Wirsingkohlsuppe mit Dillsamen

350 g Wirsing
200 ml Wasser
3 EL Butter oder Margarine
3 EL Weizenvollkornmehl
1 TL Dillsamen
1 l Gemüsebrühe
150 g saure Sahne
Salz, Pfeffer

- Wirsing in Streifen schneiden und in einen Topf geben. Das Wasser zugießen und den Wirsing zugedeckt etwa 20 Minuten dünsten. Bei Bedarf noch etwas Wasser zugeben.
- Anschließend den Wirsing im Mixer oder mit dem Pürierstab pürieren.
- Butter oder Margarine in einem Topf erhitzen, Mehl und Dillsamen zugeben, Gemüsebrühe zugießen und unter Rühren zum Kochen bringen.
- Den pürierten Wirsing und die saure Sahne unterheben.
- Die Suppe mit Salz und Pfeffer abschmecken.

Estragon

In jedem gut bestückten Kräutergarten
züngelt ein »kleiner Drachen«. Das näm-
lich bedeutet die botanische Bezeichnung *Artemisia dracunculus*. Volks-
tümliche Namen wie »Drachen-« oder
»Schlangenkraut« deuten auf den gleichen Aberglauben hin, den schon Plinius in seiner Naturkunde erwähnte:
Um von Schlangen und Drachen nicht
gebissen zu werden, trug man einen
Stängel dieser Pflanze bei sich.

Im Garten zeigt sich der Estragon
durchaus anspruchsvoll. Er steht gern
sonnig und geschützt, braucht viel Wasser,
verträgt aber keine stehende Nässe und findet deshalb auf einer Kräuterspirale mit guter
Drainage genau die richtigen Standortbedin-
gungen. Bis zu fünf Jahre lang kann er an derselben Stelle bleiben, dann
sollte er geteilt und verpflanzt werden. Im Herbst oder zeitigen Frühjahr
können Sie Estragon auf etwa zehn Zentimeter zurückschneiden, was
eine Verjüngung der Pflanze zur Folge hat. Eine dicke Mulchschicht hilft
dem Estragon, auch im kühlen Mitteleuropa zu überwintern.

Würzig frische Estragonblätter können ständig geerntet werden. Vor
der Blüte gepflückte, sorgfältig getrocknete Blätter behalten ein leichtes,
süßes Aroma, wenn sie luftdicht und lichtgeschützt aufbewahrt werden.

Estragonblätter enthalten ein ätherisches Öl, Enzyme, Gerb- und
Bitterstoffe und die Vitamine A und C, weshalb sie lange Zeit als Mittel gegen den Skorbut eingesetzt wurden. Ungewöhnlich ist der hohe
Gehalt an Mineralstoffen und vor allem an Jod. Estragon wirkt appetitanregend und verdauungsfördernd. Auch eine harntreibende, antiskle-
rotische und Blutdruck senkende Wirkung wird ihm nachgesagt. Auch
wenn er in der Medizin nie eine große Rolle spielte, ist er deshalb doch
ein besonders gesundes Küchengewürz.

Aufgrund seines ganz besonderen, bittersüßlichen Aromas wurde er schon früh für die Küche entdeckt. Bereits im 14. Jahrhundert empfahl Olivier des Serres französischen Köchinnen und Köchen die Verwendung von Estragonblättern.

Von allen Küchenkräutern ist der Estragon sicherlich das feinste. So manchem Rezept der gehobenen Küche wie der berühmten »Sauce béarnaise« verleiht er eine unnachahmlich elegante Note. Rühren Sie seine frischen, zarten Blätter in edle Sahnesaucen, Marinaden, Suppen und Omelettes. Würzen Sie damit feine Gemüsegerichte aus Spargel, Lauch oder Paprika. Verwenden Sie ihn zum Aromatisieren von Essig und Senf. Ob sparsam dosiert in Gesellschaft anderer »Fines Herbes« oder als selbstbewusstes Alleingewürz – lassen Sie den »kleinen Drachen« auf Ihrer Zunge Funken sprühen!

Tipps für die Estragonküche:

▷ Füllen Sie Avocados mit einer selbst gemachten Estragon-Mayonnaise.

▷ Streuen Sie fein gehackte Estragonblätter über einen mit Zitronensaft und Olivenöl angemachten grünen Salat.

▷ Legen Sie Grillgemüse in einer Marinade aus Olivenöl, Balsamico-Essig, Dijonsenf und Estragon ein.

▷ Mischen Sie Schmelzkäse mit fein gehackten Estragonblättern, füllen Sie damit Champignons und Tomaten und überbacken Sie sie 20 Minuten im Ofen.

▷ Verkneten Sie frisch abgeriebene Orangenschale und fein gehackte Estragonblätter mit weicher Joghurtbutter und schmecken Sie diese mit Salz und Pfeffer ab – ein herrlich fruchtiger, feinwürziger Brotaufstrich!

▷ Stellen Sie aus mit Milch und etwas Essig glatt gerührtem Magerquark, fein gehacktem Estragon, zerdrücktem Knoblauch und mittelscharfem Senf einen leichten Allzweckdip her.

▷ Kauen Sie nach einem deftigen Knoblauchgericht ein paar frische Estragonblätter – Ihr Atem wird rasch wieder gesellschaftsfähig sein.

Estragonsuppe

1 große Stange Lauch
2 EL Butter oder Margarine
3 Kartoffeln
1 l Gemüsebrühe
100 ml Schlagsahne
100 ml Milch
1 Bund Estragon, fein gehackt
Kräutersalz, Pfeffer
einige Estragonblättchen zum Garnieren

- Lauch in feine Ringe schneiden und in der Butter oder Margarine glasig dünsten.
- Kartoffeln schälen und würfeln. Lauch mit Gemüsebrühe angießen. Kartoffeln zugeben und etwa 15 Minuten kochen lassen.
- In der Zwischenzeit die Sahne aufschlagen.
- Die Suppe von der Kochstelle nehmen und mit dem Pürierstab pürieren.
- Milch und gehackten Estragon unterrühren. Mit Kräutersalz, Pfeffer abschmecken. Nicht mehr kochen!
- Beim Servieren auf jede Portion eine Sahnehaube aufsetzen und mit den Estragonblättchen garnieren.

Estragonrührei

8 Eier
8 EL Wasser
8 EL Milch
Salz, Pfeffer
1 Bund Estragon, fein gehackt
Butter oder Margarine zum Braten
100 g Parmesan

- Die Eier, das Wasser und die Milch in einer Schüssel kräftig verquirlen und mit Salz und Pfeffer würzen.
- Den gehackten Estragon unterrühren und die Eimasse bei geringer Hitze in Butter oder Margarine in der Pfanne anstocken lassen.
- Den Parmesan reiben und das Rührei damit bestreuen.
- Dazu schmeckt dunkles Vollkornbrot mit Butter.

☼ Tipp:

Wie bei allen scheinbar simplen Küchenklassikern, lohnt es sich auch beim Rührei, sorgfältig auf jedes Detail zu achten: Die Eier nie einfach in die heiße Pfanne schlagen und dort mit einem Kochlöffel verrühren, sondern alle Zutaten in eine Schüssel geben und mit einer Gabel vorsichtig verkleppern. Von zu langem Rühren wird die Masse zäh – es reicht, wenn Eiweiß und Eigelb gerade so vermischt sind. Wasser und Milch (evtl. auch Sahne) machen das Rührei lockerer und sorgen für einen volleren Geschmack. In der Pfanne soll die Eimasse dann bei niedriger Temperatur (70 – 80 °C) sanft stocken. Nun bitte nicht wild im Kreis herumrühren, sondern die bereits gestockte Masse mit einem breiten Holzspatel vorsichtig nach vorne schieben. Dies mehrmals wiederholen, bis die Eier komplett gestockt, aber noch cremig saftig sind. So schmeckt das einfachste Rührei raffiniert und lecker!

Lauchgemüse mit Estragon

Eine meiner Lieblingsbeilagen – übrigens auch hervorragend als Füllung für Pfannkuchen oder Crêpes!

2 große Stangen Lauch
1 EL Butter oder Margarine
250 g gekochte Kichererbsen
50 g Rosinen
200 ml Gemüsebrühe
100 g Frischkäse
4 Stängel Estragon, fein gehackt
Salz, Pfeffer

- Den Lauch in feine Ringe schneiden und in der Butter oder Margarine in einer Pfanne weich dünsten.
- Die Kichererbsen und die Rosinen zugeben, die Gemüsebrühe angießen und das Gemüse etwa 10 Minuten leise köcheln lassen.
- Den Frischkäse und den gehackten Estragon unterrühren.
- Das Lauchgemüse mit Salz und Pfeffer würzen.

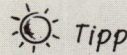 **Tipp:**
Verwenden Sie entweder 100 g getrocknete Kichererbsen, die Sie über Nacht einweichen und etwa 1 Stunde in Wasser garen, oder, wenn es einmal schnell gehen soll, 250 g gekochte Kichererbsen aus dem Glas.

Estragonessig

Ein vielseitig verwendbares Würzmittel in der feinen Küche – in einer attraktiven Flasche auch sehr schön zum Verschenken!

Grundrezept:

1 l Weißweinessig
100 g Estragon

- Essig und Estragon in ein Gefäß geben, zugedeckt mindestens zwei Wochen stehen lassen (dabei immer mal wieder kräftig durchschütteln), abseihen und in eine fest verschließbare Flasche geben.

Variationen zum Ausprobieren:

- *100 g Estragon und 10 frische Himbeeren*
- *100 g Würzmischung aus Estragon, Zitronenmelisse, Lindenblüten und Lorbeerblättern*
- *100 g Würzmischung aus Estragon, Basilikum, Zitronenmelisse und Blättern von schwarzen Johannisbeeren*
- *100 g Würzmischung aus Estragon, Sellerieblättern, Blättern von schwarzen Johannisbeeren, Lindenblüten und Lorbeerblättern*
- *1 Stängel frischer Estragon, 1 kleine scharfe Chilischote, 1 in Scheiben geschnittene kleine Zwiebel, 1 Stängel Kerbelkraut, 1 kleine Holunderblütendolde und 7 schwarze Pfefferkörner*

Kapuzinerkresse

Tropaeolum majus ist zu Recht
ein Star im bunten Bauerngarten.
Kaum eine andere Pflanze berankt
so wuchsfreudig innerhalb kürzester
Zeit Zäune und Spaliere und treibt gleichzeitig auch noch ein wahres Feuerwerk an attraktiven Blüten aus dem gesamten orangeroten Farbspektrum.
Am beliebtesten sind die Sorten mit den strahlenden Gute-Laune-Son-
nenfarben.

Das Tolle ist, dass diese schönen Blüten überdies herrlich würzig
knackig schmecken und zu vielen Salaten und Gemüsegerichten vor-
züglich passen. Da sie in Form der so genannten Senfölglykoside natürliche Antibiotika enthalten, sind sie außerdem äußerst gesund. Diese
sekundären Pflanzenstoffe verleihen Pflanzen wie Rettich, Senf, Kresse
und Kohl den typisch scharfen, leicht bitteren Geschmack. Den Pflanzen dienen sie als Abwehrstoffe gegen Tierfraß. Im menschlichen Orga-
nismus wirken sie nach neueren Erkenntnissen antibakteriell, pilztö-
tend, schleimlösend und harntreibend. Dass der Verzehr senfölhaltiger
Pflanzen vor Krebserkrankungen schützen kann, ist ebenfalls belegt.

Aus alledem lässt sich nur folgern: Verschönern Sie Ihre Speisen
möglichst regelmäßig mit den hübschen, essbaren Blüten und gönnen
Sie sich bei Halsentzündungen und grippalen Infekten, aber auch bei
Infektionen der Harnwege in Form eines Kapuzinerkressesalats gleich
eine Sonderration. Da die Blüten außerdem viel Vitamin C enthalten,
sind sie das ideale Anti-Erkältungsmittel.

Die Kapuzinerkresse ist einjährig, muss also im Frühjahr ausgesät
werden und sollte am besten am Fuß der Kräuterspirale stehen, von wo
aus sie ihre Ranken sehr dekorativ sowohl die Spirale hinauf als auch in
den Garten hinaus aussenden kann. Oft sät sie sich im Folgejahr selbst
aus, sodass es sich lohnt, abzuwarten, ob die typisch tellerrunden Blätter mit ihren sternförmigen Blattachsen irgendwo zum Vorschein kommen. Sind sie etwas weiter ausgetrieben, lassen sich die Jungpflanzen
problemlos dorthin versetzen, wo man sie haben will.

Die Pflanze breitet sich kriechend aus, beginnt aber auch sofort zu klettern, wenn sie auf eine Rankhilfe trifft. Zum Verschönern eher nicht so attraktiver Zäune und Gartenecken ist sie daher bestens geeignet, zumal sie selbst im lichten Schatten gedeiht. Gut macht sie sich auch auf den Baumscheiben von Obstbäumen, wo sie den Befall mit Blattläusen verhindert. Außerdem wehrt sie Ameisen, Mäuse, Raupen und Wühlmäuse ab und lockt Kohlweißlinge an, sodass diese nicht mehr die Kohlpflanzen befallen. Eine weitere gute Nachricht: Schnecken verschmähen die Kapuzinerkresse!

Eine schöne Idee für Kinder ist es, aus Bohnenstangen ein Tipigerüst aufzubauen und am Fuß der Stangen Kapuzinerkresse auszusäen. Zieht man sie regelmäßig in die Höhe, wird bald ein blickdichtes Spielzelt daraus.

Natürlich gibt es auch niedrige, nicht rankende Sorten, die für kleinere oder stärker strukturierte Gärten vorteilhafter sein können. Und auch in Kübeln und Balkonkästen lässt sich Kapuzinerkresse problemlos ziehen. Wählen Sie die Sorte aus, die zu Ihnen am besten passt.

Tipps für die Kapuzinerkresseküche

▷ Nutzen Sie die Kapuzinerkresseblüten großzügig zur Verzierung von fertigen Speisen und kalten Platten.

▷ Legen Sie aus den Blüten und bunten Gemüsearten wie Tomaten, Staudensellerie, gelbem, rotem und grünem Paprika oder Möhren auf einem runden Teller ein essbares Mandala aus.

▷ Füllen Sie Kapuzinerkresseblüten mit einer Mischung aus 2 Teilen körnigem Frischkäse und 1 Teil Frischkäse, abgeschmeckt mit Kräutersalz und Pfeffer sowie fein gehackten Kräutern wie Schnittlauch, Kerbel oder Zitronenmelisse.

▷ Stellen Sie aus den Blütenknospen einen leckeren Kapernersatz her. Die Knospen dafür mit Salz bestreuen, einen Tag ziehen lassen, abtrocknen, in Gläser füllen und mit Essig übergießen.

▷ Auch die Blätter der Kapuzinerkresse sind essbar und supergesund. Probieren Sie sie klein gehackt in Salaten, Kräuterquark und Eierspeisen, auf Kartoffeln oder Butterbrot.

Kapuzinerkresseblüten mit Guacamole-Füllung

1 kleine, reife Tomate
1 große, reife Avocado
2 TL Zitronensaft, frisch gepresst
2 EL sehr feine Zwiebelwürfel
einige Spritzer Tabascosauce
1 Knoblauchzehe, zerdrückt
Salz, Pfeffer
etwa 20 Kapuzinerkresseblüten

- Die Haut der Tomate kreuzweise einschneiden. Die Tomate mit heißem Wasser überbrühen, schälen und sehr fein würfeln.
- Das Avocadofruchtfleisch mit der Gabel zerdrücken und sofort mit dem Zitronensaft beträufeln.
- Tomaten- und Zwiebelwürfel, Tabascosauce und Knoblauch unterrühren und mit Salz und Pfeffer abschmecken.
- Die Füllung vorsichtig mit einem spitzen Teelöffel in die sorgfältig gewaschenen und trockengetupften Blüten füllen und sofort servieren.

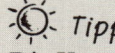 **Tipp:**

Die Kapuzinerkresseblüten lassen sich auch mit anderen Füllungen Ihrer Wahl servieren. Probieren Sie doch beispielsweise einmal eine Mischung aus püriertem Seidentofu und Magerquark, mit etwas Öl glatt gerührt und mit frischen, fein gehackten Kräutern, Knoblauch und etwas Kräutersalz gewürzt.

Ausgebackene Kapuzinerkresseblüten mit Ziegenkäsefüllung

Ein bisschen aufwendiger als die rohen, gefüllten Blüten, aber jede Mühe wert!

2 Eier
4 EL Weißwein
8 EL Wasser
1 ½ EL Olivenöl
6 – 7 gehäufte EL Weizenvollkornmehl
½ TL Salz
1 Prise Muskatnuss, frisch gerieben
1 Spritzer Tabascosauce
12 – 16 Kapuzinerkresseblüten
150 g milder Ziegenfrischkäse
Öl zum Ausbacken

- Die Eier trennen. Eigelb schaumig rühren, nach und nach Weißwein, Wasser, Olivenöl, Mehl und Gewürze zugeben.
- Den Teig zugedeckt bei Zimmertemperatur einige Stunden ruhen lassen.
- Die Blüten gründlich waschen, trockentupfen und die Stempel herausbrechen.
- Den Ziegenkäse mit einem Teelöffel in die Blüten füllen, die Blütenblätter darüber leicht zusammenfalten und in den Käse drücken.
- Das Eiweiß sehr steif schlagen und vorsichtig unter den Teig heben.
- Gefüllte Blüten in den Teig tauchen und in reichlich Öl rund herum knusprig goldbraun ausbacken – ein Vorspeisentraum!

Weiße Blütensuppe

Eine sehr feine Suppe, die durch ihre schönen Farben und einen wunderbar säuerlich, sahnigen Geschmack besticht.

½ kleine Zwiebel, fein gehackt
4 EL Butter oder Margarine
400 g Kapuzinerkresseblüten
1 Prise Salz
1 Prise Zimt
700 ml Milch
1 EL Weizenmehl
3 Eigelbe
300 g saure Sahne
2 EL Vollrohrzucker

- Die Zwiebel in 2 EL Butter oder Margarine bei sanfter Hitze glasig dünsten.
- Die Blüten grob schneiden und kurz mitdünsten lassen.
- Salz und Zimt zu den Blüten und der Zwiebel geben und die Milch angießen.
- Die restliche Butter oder Margarine mit Mehl verkneten, in die Suppe rühren und kurz aufkochen lassen.
- Die Eigelbe und die saure Sahne verquirlen. Die Suppe vom Herd nehmen und die Eiersahne unterziehen.
- Die Suppe mit Zucker abschmecken.

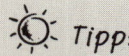 **Tipp:**
Schlagen Sie das übrig gebliebene Eiweiß sehr fest, ziehen Sie 100 g Vollrohrzucker, 100 g Kokosraspel, 1 EL Zitronensaft und etwas Marzipan unter und backen Sie daraus süße Kokosmakronen. Passend zum Kräuterblütenthema können Sie außerdem 2 EL Lavendel- oder Thymianblüten unterziehen – eine originelle Knabberei!

Kapuzinerkresse-Kerbel-Salat

Ein echter Hingucker für die feine Tafel!

1 frischer, knackiger Kopfsalat
12 – 16 Kapuzinerkresseblüten
1 EL Kerbel, fein gehackt
2 EL weißer Balsamico-Essig
1 EL grobkörniger Senf
1 Prise Salz
4 EL Olivenöl

- Den Kopfsalat putzen und eine schöne Schüssel mit den Kopfsalatblättern auslegen.
- In der Mitte die Kapuzinerkresseblüten häufen und beides mit Kerbel bestreuen.
- Essig, Senf und Salz mit dem Schneebesen verquirlen, nach und nach das Öl unterrühren.
- Salat und Dressing separat servieren und erst unmittelbar vor dem Essen miteinander mischen.

Kerbel

Dass es endlich wieder richtig Frühling geworden ist, erschmecke ich vor allem aus dem würzigen Kerbel in den ersten frischen Kräutersaucen. Mit seinen zarten, feingliedrigen Blättern, deren herrliches Aroma an eine Mischung aus Petersilie und Anis erinnert, verwandelt *Anthriscus cerefolium* so manche schlichte Sauce oder Suppe in eine edle Speise.

Um ihm dabei nicht die Schau zu stehlen, sollte man ihn entweder allein oder nur mit Pfeffer und Salz verwenden. Er harmoniert auch mit anderen zarten Kräutern wie Petersilie oder Estragon. Starke Würzkonkurrenten wie Rosmarin, Thymian oder Basilikum wären dagegen zu dominant und würden den zarten Kerbelgeschmack erdrücken. Kerbel passt zu allen hellen bzw. weißen Saucen. Vor allem ein sahniger Hintergrund lässt ihn ideal zur Geltung kommen. Am besten entfaltet er sich in Eierspeisen, Salaten und Quarkspeisen sowie mit Spargel, Schwarzwurzeln und anderen zarten Gemüsearten. Kerbel ist ein fester Bestandteil der »Fines Herbes« (wörtlich »feine Kräuter«), einer klassischen französischen Kräutermischung aus Schnittlauch, Kerbel, Petersilie und Estragon. Zum Würzen verwenden wir die frischen Blätter (und manchmal, wie in der Kerbelcremesuppe, auch die zarten Stiele). Weil sich sein Aroma und seine wertvollen Inhaltsstoffe beim Kochen verflüchtigen würden, sollten Sie ihn bei warmen Speisen immer erst am Ende dazugeben.

Auch getrocknet verliert der Kerbel an Aroma und Wirkung. Erfahrene Kräuterköchinnen und -köche haben deshalb stets im Auge, wann sich eine lohnende Ernte der frischen Blättchen mit dem unverkennbar süßlich würzigen Geschmack anbieten würde. Das beste Aroma erzielen wir, wenn wir sie vor der Blüte pflücken.

Da Kerbel einjährig ist und deshalb stets erneut ausgesät werden muss, lohnt es sich, den Samen in kleinen Mengen alle paar Wochen auszusäen, sodass immer wieder frisches Kraut zur Verfügung steht. Wenn es dann

so weit ist, heißt es, nicht lange fackeln: Da Kerbel rasch welkt, muss er schnell verarbeitet werden. Kerbelgerichte sind deshalb spontane Ereignisse – der Küchenplan richtet sich nach dem Ernteaufkommen.

Damit er nicht zu schnell zum Blühen kommt und länger geerntet werden kann, empfiehlt es sich, einen halbschattigen, nicht zu trockenen Platz im rückwärtigen, nördlichen Bereich der Kräuterspirale für ihn zu reservieren. 45 – 60 Tage nach der Aussaat können wir ihn mehrfach schneiden. Wenn wir Glück haben und sich der Kerbel an dieser Stelle wohl fühlt, sät er sich von selbst weiter aus.

Als einer der ersten Vitamin- und Mineralstofflieferanten im Frühjahr ist der Kerbel äußerst gesund. In der Volksmedizin wird er eingesetzt, um den Körper zu entschlacken und den Stoffwechsel anzuregen. Durch seine anregende Wirkung auf die Verdauungsorgane und die Nieren soll er auch blutreinigend wirken. Wie alle Doldenblütler enthält er viel ätherisches Öl. Die Blätter enthalten zusätzlich die Vitamine A und C und die Mineralstoffe Magnesium und Eisen. Er soll Erkältungen und Kopfschmerzen lindern sowie das Gedächtnis geschmeidig halten – ein wohlschmeckenderes Anti-Aging-Mittel gibt es kaum!

Tipps für die Kerbelküche

▷ Füllen Sie herzhafte Crêpes mit in der Pfanne gegartem Sommergemüse, unter das Sie 1 Bund fein gehackten Kerbel heben.

▷ Probieren Sie Gurkensalat mit einer weißen Joghurtsauce einmal mit Kerbel anstelle von Dill.

▷ Rühren Sie unter die Eier-Sahne-Sauce für Gratins oder Gemüsekuchen ein halbes Bund fein gehacktes Kerbelkraut.

▷ Streuen Sie Kerbel über eine frisch zubereitete Tomatensuppe.

▷ Heben Sie gehacktes Kerbelkraut unter kleine, zuvor im Ofen mit Öl gegarte Kartoffeln.

▷ Schlagen Sie fein gehackten Kerbel unter eine selbst gemachte Mayonnaise.

▷ Servieren Sie Pasta mit gehobeltem Parmesan und einer Sauce aus Butter, Ricotta und den klassischen »Fines Herbes«-Kräutern.

Kerbelcremesuppe

Eine festliche Suppe und ein schöner Auftakt zu einem Frühlings-
menü.

2 Bund Kerbel
1 Stange Lauch
1 große Zwiebel, fein gehackt
2 EL Butter oder Margarine
3 Kartoffeln
1 l Gemüsebrühe
200 ml Schlagsahne
Kräutersalz, Pfeffer

- Die Kerbelblätter von den Stielen zupfen und die Stiele klein schnei-
  den.
- Den Lauch in dünne Ringe schneiden.
- Die klein geschnittenen Kerbelstiele mit der gehackten Zwiebel und
  den Lauchringen im Fett glasig braten.
- Die Kartoffeln schälen und grob würfeln.
- Den Lauch mit der Gemüsebrühe angießen, die Kartoffeln zugeben
  und die Suppe etwa 15 Minuten kochen lassen.
- In der Zwischenzeit die Kerbelblätter fein hacken (einige Blättchen
  zur Seite legen) und die Hälfte der Sahne aufschlagen.
- Die Suppe von der Kochstelle nehmen und im Mixer oder mit dem
  Pürierstab pürieren.
- Den Rest der Sahne und die Kräuter unterrühren. Mit Kräutersalz,
  Pfeffer abschmecken. Nicht mehr kochen!
- Beim Servieren auf jede Portion eine Sahnehaube aufsetzen und mit
  den zurückgelegten Kerbelblättchen garnieren.

Schwarzwurzelsuppe mit Kerbelsahne

Die Kerbelsahne eignet sich auch zum Verfeinern anderer Gemüsesuppen oder als feiner Dip.

2 EL Essig
2 EL Weizenvollkornmehl
1 l Wasser
1 kg Schwarzwurzeln
3 mittelgroße Kartoffeln
2 Zwiebeln, fein gehackt
2 EL Butter oder Margarine
1 l Gemüsebrühe
200 ml Schlagsahne
½ Bund Kerbel, fein gehackt

- Den Essig und das Mehl mit dem Wasser vermischen.
- Die Schwarzwurzeln unter fließendem Wasser schälen, in 2 Zentimeter lange Stücke schneiden und sofort in das Essig-Mehl-Bad legen.
- Die Kartoffeln schälen und grob würfeln.
- Die gehackten Zwiebeln in der Butter oder Margarine glasig dünsten.
- Die Gemüsebrühe zugießen, Kartoffeln und Schwarzwurzeln zugeben und etwa 20 Minuten kochen. Im Mixer oder mit dem Pürierstab pürieren.
- Die Hälfte der Sahne unterrühren. Die andere Hälfte halbsteif aufschlagen, zuletzt den Kerbel unterziehen.
- Vor dem Servieren auf jede Portion Suppe ein grünes Sahnehäubchen setzen.

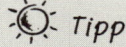 **Tipp:**
Weil sie sonst schrecklich kleben, empfiehlt es sich, Schwarzwurzeln stets unter fließendem Wasser zu schälen. Das Tragen von Handschuhen während dieser Prozedur schützt die Hände vor schwarzen Flecken. Aber die Mühe lohnt sich – der Geschmack der Schwarzwurzeln ist wirklich einmalig!

Shiitake-Kerbel-Pfanne

Schmeckt lecker zu Reis oder als Vorspeise auf getoasteten Ciabatta-streifen.

1 große Zwiebel, fein gehackt
4 EL Olivenöl
250 g Shiitakepilze
1 TL Gemüsebrüheextrakt
Salz, Pfeffer
½ Bund Kerbel, fein gehackt
½ Bund Petersilie, fein gehackt

- Die gehackte Zwiebel im Olivenöl glasig dünsten.
- Die Pilze putzen, grob hacken und zu den Zwiebeln geben.
- Shiitakepilze kräftig braten und mit Gemüsebrüheextrakt, Salz und Pfeffer würzig abschmecken.
- Zum Schluss Kerbel und Petersilie unterziehen.

 Tipp:
Wenn Sie keine frischen Shiitakepilze bekommen, können Sie auch andere Pilze Ihrer Wahl verwenden, z. B. braune Champignons oder Austernpilze.

Kohlrabi-Kräuter-Gratin

600 g Kohlrabi
Fett für die Form
Salz, Pfeffer
Muskatnuss, frisch gerieben
½ Bund Kerbel, fein gehackt
½ Bund Petersilie, fein gehackt
1 Handvoll Kressesprossen
2 Eier
¼ l Schlagsahne
¼ l Milch

- Die Kohlrabi schälen und in sehr dünne Scheiben schneiden.
- Eine dünne Schicht Kohlrabischeiben dachziegelartig in eine einge-fettete flache Auflaufform geben.
- Die Kohlrabischeiben mit Salz, Pfeffer und Muskatnuss würzen und mit einem Teil der gehackten Kräuter und Sprossen bestreuen.
- Die Zutaten in der gleichen Reihenfolge weiter einschichten und würzen, bis sie aufgebraucht sind.
- Die Eier mit der Sahne und der Milch verquirlen und das Gratin damit bedecken. Eventuell noch etwas Milch nachgießen. Bei 180 – 200 °C im Backofen 40 – 45 Minuten backen.

Lavendel

Provençe, Südfrankreich. Flirrendes Sonnenlicht.
Endlose Lavendelfelder mit lilafarbener Blüten-
pracht ... Wer an den Blüten des Lavendels riecht
oder die Blätter zwischen den Fingern zerreibt,
sieht sie sofort, die schönsten Fernwehbil-
der. Tatsächlich ist es vor allem der intensive
Lavendelduft, der auf uns Menschen heilsam
wirkt, der uns beruhigt und frei macht von
allen Spielarten des Alltagsmiefs.

Lavandula angustifolia heißt das wohl-
riechende Kraut, das an den Küstengebie-
ten des Mittelmeeres beheimatet, heute aber
über ganz Südeuropa verbreitet ist. Schon die
Römerinnen verwendeten Lavendel als Duft-
spender für ihre Wäsche und als Badezusatz.
Vermutlich leitet sich sein Name denn auch von
dem lateinischen Verb *lavare* (»waschen«) ab. Sein
Duft wird als angenehm frisch und reinigend empfunden.

Der mehrjährige Lavendel braucht einen vollsonnigen Platz und
trockenen, kalkhaltigen Boden. In der oberen, mediterranen Zone der
Kräuterspirale fühlt er sich daher wie zuhause. Für eine dicke Mulchschicht als Fußbodenheizung in der kalten Jahreszeit ist er dankbar.

Lavendelblätter, die Sie aufbewahren wollen, pflücken Sie am besten vor der Blüte im Mai oder Juni und trocknen Sie an einem luftigen Schattenplatz. Frische Blätter können Sie ständig ernten. Die Blüten schneiden Sie Anfang Juli mitsamt den Stängeln, wenn die Knospen
gerade zu blühen beginnen. Breiten Sie die Stängel aus oder hängen Sie
sie in lockeren Sträußen kopfüber an einem luftigen Ort zum Trocknen auf. Später können Sie dann zwischen den Händen oder auf einem
Brett die trockenen Blüten vorsichtig von den Stängeln reiben. Ernten
Sie aber niemals alle Blüten eines Lavendelstrauches, Sie würden Ihren
Garten damit eines attraktiven Blickfangs und eines wahren Magneten
für Bienen, Hummeln und Schmetterlinge berauben. Außerdem könn-

ten Sie sich dann keine frischen Blüten mehr für Ihre Sommerküche holen.

Die leicht bitter-würzigen Blätter sind ein nicht wegzudenkender Bestandteil der berühmten »Kräuter der Provence« und als Alleingewürz in der spanischen, italienischen, französischen und vor allem auch in der korsischen Küche sehr beliebt. Wegen der starken Würzkraft sollten Sie bei den Mengen vorsichtig sein. Am besten passen die Blätter für meinen Geschmack zu deftigen Eintopfgerichten.

Weniger bekannt dürfte vielen sein, dass auch die Blüten essbar sind und viele Speisen nicht nur auf dekorative, sondern auch äußerst wohlschmeckende Weise bereichern. Ihr Aroma ist feiner und luftiger als das der Blätter und passt deshalb besonders gut zu allem Sahnig-Fruchtigen. Bei den Rezepten finden Sie einige Beispiele zum Einstieg in die kreative Blütenküche. Machen Sie sich dabei auch die aufbauende und beruhigende Wirkung des Lavendels zunutze. Genießen Sie ihn zum Ausklang eines vollen Tages und denken Sie bei jedem Biss an die Provence und ihre endlos weiten, lila leuchtenden Lavendelfelder.

Tipps für die Lavendelküche

▷ Legen Sie beim Grillen einige Lavendelzweige ins Feuer, das duftet angenehm und gibt dem Grillgut einen würzigen Beigeschmack.

▷ Lavendel harmoniert gut mit Rosmarin. Kneten Sie je einen halben Teelöffel Lavendel- und Rosmarinblüten in Ihren Brotteig oder stellen Sie eine Kräuterbutter mit Lavendel- und Rosmarinblüten her.

▷ Rühren Sie in einen Crêpeteig aus 250 g Mehl, ½ l Milch, 4 Eiern, 1 Prise Salz und 50 g zerlassener Butter oder Margarine zuletzt 1 TL Lavendelblüten ein.

▷ Streuen Sie frische Lavendelblüten über Ihren Obstsalat.

▷ Für einen fein »parfümierten« Zucker stecken Sie ein paar Lavendelstängel mit Blüten kopfüber in Ihre Zuckerdose.

▷ Kochen Sie sich für den Abend einen feinen Lavendeltee: 1 TL Lavendelblüten mit 1 l kaltem Wasser ansetzen, langsam zum Sieden bringen und abseihen. Nach Bedarf mit Honig süßen.

Lavendelmilch

Ein wunderbarer Seelentröster für den Abend!

1 großes Glas Milch
½ TL Lavendelblüten
½ TL Anissamen
1 Prise Kardamom, gemahlen
1 TL Honig

- Die Milch mit den Lavendelblüten und dem Anissamen vorsichtig erhitzen und 15 Minuten ziehen lassen.
- Lavendelmilch durch ein Teesieb gießen und mit Kardamom und Honig verrühren.

Tipp:
Die Milch können Sie natürlich auch durch Soja- oder Reisdrink ersetzen. Sehr gut schmeckt die gleiche Lavendel-Honig-Gewürz-Kombination außerdem in einem Rooibostee.

Beeren mit Lavendelsahne

200 ml Schlagsahne
1 EL Vollrohrzucker
½ TL Vanille, gemahlen
2 EL Lavendelblüten
400 g gemischte Beeren (z. B. Himbeeren, Brombeeren, Blaubeeren)
einige Lavendelblätter und -blüten zum Garnieren

- Die Sahne steif schlagen, zum Schluss Zucker, gemahlene Vanille und Lavendelblüten einstreuen.
- Die Lavendelsahne unter die Beeren ziehen und das Dessert mit Lavendelblättern und -blüten verzieren.

> ### ☀ Tipp:
> Wenn Sie möchten, können Sie die Beeren auch zu einer sehr erfrischenden, roh zubereiteten Roten Grütze anrühren: Verquirlen Sie dazu je ¼ l Apfel- und Kirschsaft mit Johannisbrotkernmehl (Menge nach Packungsangabe), ziehen Sie die Beeren unter und lassen Sie das Ganze bis zum Servieren im Kühlschrank andicken. Eine schöne Sommerleckerei!

Lavendelkekse

Exquisite Knabberware für den gepflegten Fünfuhrtee!

60 g Vollrohrzucker
120 g Weizenvollkornmehl
½ TL Weinsteinbackpulver
½ TL Vanille, gemahlen
40 g Butter
2 Eier
3 EL frische Lavendelblüten, grob gehackt
Fett für das Blech

- Den Zucker, das Mehl, das Backpulver und das Vanillepulver mischen.
- Die Butter vorsichtig schmelzen.
- Erst die Eier, dann die Butter unter Mehl und Zucker schlagen. Zuletzt die Lavendelblüten unterziehen.
- Den Teig teelöffelweise auf ein gefettetes Backblech setzen.
- Die Lavendelkekse bei 180 – 200 °C etwa 10 – 12 Minuten backen, bis die Kekse leicht gebräunt sind.

Gemüsesuppe à la Provençe

1 Bund Suppengrün
100 g grüne Bohnen
4 mittelgroße Kartoffeln
1 Zwiebel, gehackt
1 Knoblauchzehe, zerdrückt
2 EL Olivenöl
1 l Gemüsebrühe
1 TL Kräuter der Provençe
1 TL Lavendelblätter, grob gehackt
Salz, Pfeffer
400 g Räuchertofu

- Das Suppengrün klein schneiden. Die Bohnen in mundgerechte Stücke schneiden. Die Kartoffeln schälen und würfeln.
- Die gehackte Zwiebel und den Knoblauch im Olivenöl glasig dünsten, die Gemüsebrühe angießen.
- Das Gemüse und die Kräuter dazugeben, zum Kochen bringen und bei geringer Hitze etwa 20 Minuten garen lassen.
- Die Suppe mit Salz und Pfeffer abschmecken.
- Den Räuchertofu grob würfeln, in die Suppe rühren und warm werden lassen.

 **Tipp:**
Dazu schmecken Stangenbrot und Kräuterbutter.

Liebstöckel

Levisticum officinale erkennen wir sofort an seinem kräftigen, sellerieartigen Geruch. Seinem unverwechselbaren Suppenwürfelaroma verdankt er den Spitznamen »Maggikraut« – und das, obwohl die bekannte Suppenwürze gar kein Liebstöckel enthält!

Viel charmanter ist ja auch sein echter Name, den er der Tatsache verdankt, dass er in der Volksheilkunde von jeher als Liebesmittel galt. Sicher war es seine stärkende und anregende Wirkung, vielleicht aber auch die beeindruckende Triebkraft seines Wuchses, die dafür sprach, ihn zu den natürlichen Aphrodisiaka zu zählen.

Der Liebstöckel erwacht als einer der Ersten im Frühjahrskräutergarten. Seine ausdauernden Wurzeln entwickeln kraftvolle Triebe, die zuerst rötlich sind, sich bald aber grün verfärben. Die Triebkraft dieser ersten hohlen Stiele mit Blättern, die stark an Selleriegrün erinnern, ist enorm. Die Pflanze wächst von Tag zu Tag so sehr, dass man ihr fast dabei zuschauen kann. Eine zweite Wachstumsphase setzt dann im Frühsommer ein: Die Pflanze treibt imposante Stängel, die leicht die Zweimetermarke erreichen können und gelbliche Doldenblüten tragen. Im Vergleich zu den filigranen Blüten von Dill und Fenchel strotzen die Liebstöckelblüten nur so vor Kraft und Vitalität.

Da wir beim Würzen in der Kräuterküche aber vor allem auf die Liebstöckelblätter aus sind und deren Aroma am besten ist, wenn sie noch ganz jung und hellgrün glänzen (später heißt die Geschmacksregel: je dunkler, desto strenger), sollten wir Stiele und alte Blätter regelmäßig zurückschneiden, damit die Pflanze immer wieder frisch austreiben kann.

Die Blätter lassen sich trocknen oder einfrieren, wobei die getrockneten Blätter deutlich an Aroma verlieren. Zum Trocknen binden wir die Stängel büschelweise zusammen und hängen sie kopfüber an einen luftigen Ort. Später streifen wir die trockenen Blätter von den Stängeln,

reiben sie zwischen beiden Händen klein und verwahren sie in luftdichten Behältern. Zum Einfrieren hacken wir die Blätter klein und teilen sie in kleine Portionen. Eiswürfelbehälter mit etwas Wasser haben sich besonders bewährt. Ein Würfel reicht später als Gewürz für eine ganze Familiensuppe. Bei der Verwendung sollten wir lieber sparsam sein, damit das kräftige Aroma nicht alles andere erdrückt.

Auch die getrockneten Wurzeln und die Samen können zum Würzen verwendet werden, kommen allerdings eher in der Pflanzenheilkunde zum Einsatz, vor allem zur Förderung von Appetit und Verdauung. In den Genuss des abgeschwächten Effekts kommen wir auf ganz natürliche Weise, wenn wir in der Küche regelmäßig die frischen Blätter verwenden. Ihre Inhaltsstoffe fördern die Produktion von Galle-, Magen- und Darmsäften sowie von Speichelflüssigkeit, was dazu beiträgt, dass die Verdauung schon beim Essen kräftig angeregt wird.

Im Garten ist der Liebstöckel ein ausdauernder, zuverlässiger Mitbewohner. Hat er erst einmal seinen Lieblingsplatz gefunden, kommt er jedes Jahr wieder. Da er sehr groß werden kann, ist er an einem freien Platz neben der Spirale am besten aufgehoben. In meinem Garten steht er an der Spiralenmauer rechts neben dem kleinen Spiralenteich.

Tipps für die Liebstöckelküche

▷ Mischen Sie 1 Handvoll Liebstöckelblätter unter gedünsteten Blattspinat und überbacken Sie beides mit einer Béchamelsauce und frisch geriebenem Parmesan.

▷ Quirlen Sie fein gehackte Liebstöckelblätter und Dillspitzen in eine würzige Vinaigrette.

▷ Geben Sie ins Kochwasser von Kartoffeln 1 Stängel Liebstöckel.

▷ Bringen Sie etwas pikante Abwechslung in Ihre Reisbeilage, indem Sie Liebstöckelblätter mit Zwiebeln in etwas Butter oder Margarine andünsten, Wasser angießen und den Reis darin garen lassen.

▷ Kneten Sie ganz fein gehackte Liebstöckelblätter in einen selbst gemachten Nudelteig.

Maiscremesuppe mit Liebstöckelstreifen

800 g gegarter Gemüsemais
1 l Gemüsebrühe
1 Zwiebel, gehackt
2 EL Butter oder Margarine
2 EL Weizenvollkornmehl
1 rote Paprikaschote
1 grüne Paprikaschote
Salz, Pfeffer, Curry
2 TL Zitronensaft
200 ml Schlagsahne
2 EL Liebstöckelblätter, in sehr feine Streifen geschnitten

- Die Maiskörner mit einem Teil der Brühe im Mixer oder mit dem Pürierstab pürieren.
- Die gehackte Zwiebel in der Butter oder Margarine glasig dünsten, mit Mehl anschwitzen und mit der restlichen Gemüsebrühe ablöschen.
- Die Paprikaschoten fein würfeln und zusammen mit dem Maispüree in die Brühe geben.
- Die Suppe etwa 5 Minuten kochen. Mit Salz, Pfeffer, Curry und Zitronensaft abschmecken.
- Zum Schluss die Hälfte der Sahne unterrühren.
- Die restliche Sahne halbsteif schlagen, mit einem Esslöffel auf die einzelnen Portionen aufsetzen. Die Sahne mit den Liebstöckelstreifen bestreuen. Sofort servieren.

Rosenkohlpüree

Genau der richtige, deftige Genuss für echte Liebstöckel-Fans. Wer mag, kann dazu noch rote Zwiebelringe kräftig anrösten.

600 g Kartoffeln
600 g Rosenkohl
1 TL Kümmel
2 EL Liebstöckelblätter, gehackt
2 EL Butter oder Margarine
1 l Gemüsebrühe
300 ml Milch
Salz, Pfeffer, Muskatnuss, frisch gerieben
einige Liebstöckelblätter zum Garnieren

- Kartoffeln schälen und würfeln, Rosenkohl an der Unterseite kreuzweise einschneiden und beides mit dem Kümmel und 1 EL Liebstöckelblätter in der Butter oder Margarine andünsten.
- Die Brühe angießen und das Gemüse zugedeckt bei milder Hitze etwa 20 Minuten garen lassen.
- Kartoffeln und Rosenkohl abgießen. 3 – 4 Rosenkohlröschen in Blättchen zerteilen und beiseite stellen.
- Die Milch mit Salz, Pfeffer, Muskat und den restlichen Liebstöckelblättern heiß werden lassen.
- Kartoffeln und Rosenkohl zugeben und mit einem Kartoffelstampfer oder einer »Flotten Lotte« glatt pürieren. Mit Rosenkohl- und Liebstöckelblättern garnieren.

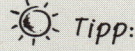 *Tipp:*
Dazu schmecken Getreidebratlinge oder knusprige Tofubällchen mit Sesamkruste.

Grünes Quarkgemüse

Kräuterquark, Lauchzwiebeln und Liebstöckel geben diesem Gemüse einen frischen, leichten Geschmack. Schön als Beilage oder auch als Füllung für herzhafte Crêpes.

500 g Zucchini
2 EL Butter oder Margarine
300 g Erbsen
⅛ l Gemüsebrühe
½ Bund Frühlingszwiebeln
1 EL Liebstöckelblätter, fein gehackt
200 g Kräuterquark
Salz, Pfeffer
½ Bund Petersilie, fein gehackt

■ Die Zucchini in Scheiben schneiden. Zucchinischeiben in der Butter oder Margarine andünsten.

■ Die Erbsen zugeben, Gemüsebrühe zugießen und leise köchelnd garen lassen.

■ Die Lauchzwiebeln in schmale Ringe schneiden.

■ Das Gemüse von der Kochstelle nehmen. Lauchzwiebeln, Liebstöckel und Quark unterrühren.

■ Gemüse mit Salz und Pfeffer abschmecken, mit Petersilie bestreuen und sofort servieren.

»Virgin Mary« mit grünen Naturstrohhalmen

Die hohlen Stiele des Liebstöckels sind ideale Strohhalme für erfrischende Gemüsecocktails wie die alkoholfreie »Virgin Mary« – bei jedem Schluck geben sie ihr würziges Aroma frei.

Pro Person:

1 Liebstöckelstiel
180 ml Tomatensaft
1 EL Limettensaft
schwarzer Pfeffer
Kräutersalz
2 Spritzer vegetarische Worcestersauce (ohne Sardellen)
2 Spritzer Tabascosauce
Eiswürfel

- Den Liebstöckelstiel auf Strohhalmlänge schneiden, gründlich auswaschen und trocknen lassen.
- Alle Zutaten für den Cocktail mit Eis in einen Cocktailshaker geben und kräftig schütteln.
- Die »Virgin Mary« in ein Longdrinkglas mit Eis füllen und den Liebstöckelstiel hineinstellen.

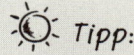 **Tipp:**
Wer lieber die alkoholische »Bloody Mary« mag, nimmt 140 ml Tomatensaft und mixt 50 ml Wodka dazu.

Minze

Um die Entstehung der Minze rankt sich eine antike Sage von Liebe und Leidenschaft: Minthe war eine wunderschöne Nymphe aus der griechischen Mythologie. Sie und Hades, der Gott der Unterwelt, verliebten sich, wurden aber von Hades' Gemahlin Persephone in flagranti erwischt. In ihrer Wut verwandelte Persephone die schöne Nymphe in jenes Kraut, das in den meisten europäischen Sprachen bis heute ihren Namen trägt: die Minze.

Leidenschaftlich geliebt wird die Minze seitdem auch als Würz- und Heilpflanze. Findige Gourmets entwickelten im Laufe der Jahrhunderte zahlreiche regionale Minzspezialitäten, vor allem aber Bonbons und andere Süßigkeiten, die das Minzaroma auf besonders angenehme Weise auf unseren Zungen zum Flimmern bringen. Auch aus vielen Kosmetika, z.B. Zahncremes, ist die Minze nicht mehr wegzudenken.

Von der Minze gibt es unzählige Arten und Sorten. Manche, wie die kriechende Korsische Minze *(Mentha requienii;* Grundlage der berühmten »Crème Menthe«) bleiben mit 2,5 Zentimeter echte Winzlinge; andere, wie die behaarte *Mentha villosa,* werden bis zu einem Meter groß. Auch das Aroma kann sehr unterschiedlich ausfallen. Sehr beliebt ist der Spearmint-Geschmack *(Mentha spicata),* aber es gibt auch Minzenarten, deren Aroma leicht an Äpfel, Orangen oder gar Ananas erinnert. Für die Küche besonders gut geeignet ist die Marokkanische Minze *(Mentha spicata var. crispa).* Am bekanntesten von allen dürfte allerdings *Mentha piperita,* die Pfefferminze, sein. Schnuppern Sie ruhig an den zwischen den Fingern zerriebenen Blättern verschiedener Minzenarten, ehe Sie sich für »Ihre« Minze entscheiden.

Besonders gut gedeiht die Minze am Fuße der Kräuterspirale in der Nähe des Teiches. Doch Vorsicht: Weil sie sich sonst mit kräftigen Seitentrieben innerhalb kürzester Zeit ungehemmt ausbreiten würde, soll-

ten Sie sie nur in einem alten Pflanzgefäß ohne Boden einbuddeln und die Erde darin alle zwei bis drei Jahre ersetzen.

Frische Minzenblättchen können Sie jederzeit abpflücken. Für die Vorratshaltung wird kurz vor der Blüte geerntet, und zwar bei trockenem Wetter (nie bei Tau oder Regen!) und zur Mittagszeit, wenn der Gehalt an ätherischem Öl am größten ist. Die Minzenblätter sollten im Schatten möglichst rasch trocknen und in Schraubgläser gefüllt werden.

Zarte Minzenblätter und Zweigspitzen eignen sich auch hervorragend als Küchengewürz. Nicht nur in Form der berühmt-berüchtigten Minzsauce in England, auch in der griechischen, spanischen und nordamerikanischen, vor allem aber in der arabischen Küche ist die Minze als Gewürz sehr beliebt. Dabei lässt sie sich sowohl gemeinsam mit anderen Kräutern wie Salbei, Ysop, Bohnenkraut und Estragon als auch als Alleingewürz verwenden. Experimentieren wir mutig und erobern wir uns die Minze aus den ewigen Teeaufgussbeuteln zurück!

Tipps für die Minzenküche

▷ Schneiden Sie Auberginen und Zucchini der Länge nach in dünne Scheiben, braten Sie sie in Olivenöl an, bestreichen Sie sie mit einer Paste aus Frischkäse, Joghurt, Knoblauch und fein gehackter Minze und rollen Sie sie zu kleinen Rouladen auf.

▷ Kochen Sie ein Minzgelee aus Apfelsaft, Zucker, etwas Zitronensaft und fein gehackter Minze.

▷ Auch die hübschen Blüten der Minze sind essbar. Streuen Sie sie z. B. über Früchtequark oder Schokoladeneis.

▷ Legendär ist der für die amerikanischen Südstaaten typische »Mint-Julep«: Füllen Sie etwas zerkleinertes Eis, Zuckersirup und 4 – 6 frische, gut zerdrückte Minzenstängel in ein hohes Glas, geben Sie 90 ml Whisky dazu und schichten Sie darüber bis zum Rand zerkleinertes Eis. Zum Schluss gut durchrühren und mit Minzenblättchen verzieren.

▷ Sagenumwoben ist auch die englische »Mintsauce«: Erhitzen Sie ⅛ l Weißweinessig mit 4 EL Wasser und 4 EL Zucker, rühren Sie reichlich frische, fein gehackte Minze unter und schmecken Sie das Ganze mit Salz und Pfeffer ab.

Kretischer Couscous-Salat

150 g Couscous
200 g Erbsen, frisch oder tiefgefroren
2 Tomaten
1 Frühlingszwiebel
2 EL Petersilie, fein gehackt
1 EL Minze, fein gehackt
Saft einer halben unbehandelten Zitrone
3 EL Olivenöl
Salz, Pfeffer

- Couscous etwa 10 Minuten gut bedeckt in lauwarmem Wasser einweichen. Abgießen, in ein feines Sieb geben und über einem Topf mit kochendem Wasser etwa 12 Minuten im Dampf garen und abkühlen lassen.
- Die Erbsen in wenig Wasser etwa 10 Minuten kochen, abgießen und abkühlen lassen.
- Die Tomaten fein würfeln. Die Frühlingszwiebel fein schneiden.
- Couscous und Erbsen mit Tomaten, Zwiebel, Petersilie und Minze mischen.
- Zitronensaft und Olivenöl verquirlen, mit Salz und Pfeffer würzen und unter den Salat heben.

Süßer Minzquark

100 ml Schlagsahne
1 EL Vollrohrzucker
1 EL Pfefferminzblätter, fein gehackt
500 g Magerquark
5 EL Kefir oder Schwedenmilch
½ TL Vanille, gemahlen
3 EL Aprikosenkonfitüre

- Die Sahne steif schlagen und ganz zum Schluss den Zucker und die Minze unterschlagen.
- Den Quark mit dem Kefir oder der Schwedenmilch, dem Vanillepulver und der Aprikosenkonfitüre gut verrühren.
- Die Minzsahne vorsichtig unter den Quark ziehen. Gut gekühlt servieren.

Tipp:
Als feines Dessert kann der Minzquark, mit ein paar hübschen Minzenblättchen und Kräuterblüten hübsch verziert, sehr gut alleine stehen. Bestens geeignet ist er allerdings auch als originelle Füllung für Crêpes. Bei mir gibt es ihn traditionell zu einer großen Portion Kaiserschmarrn mit reichlich Rosinen und mitgebratenen Apfelspalten.

Pfefferminzbowle

Als kühle Sommererfrischung sowie als Kindergeburtstagsgetränk bestens bewährt. Das Rezept ergibt einen Liter, also jeweils ein Glas für vier Personen.

2 unbehandelte Zitronen
3 unbehandelte Orangen
7 Stängel Pfefferminze
etwas Apfelsaft
3 EL Honig
Mineralwasser

- Zitronen und Orangen auspressen.
- Pfefferminzstängel mit den frisch gepressten Fruchtsäften übergießen und mit Apfelsaft auf einen halben Liter auffüllen.
- Den Honig dazugeben und so lange rühren, bis er sich gut aufgelöst hat.
- Den Saft mindestens eine Stunde bei Zimmertemperatur ziehen lassen, dann kühl stellen.
- Kurz vor dem Servieren mit kaltem Mineralwasser auf einen Liter auffüllen.

Minztomaten

Geht schnell, schmeckt lecker – ein hübscher kleiner, mediterraner Leckerbissen!

8 große Tomaten
300 g Schafskäse
Olivenöl
20 schwarze Oliven, entkernt und fein gehackt
1 Knoblauchzehe, zerdrückt
½ Bund Pfefferminze, fein gehackt
Fett für die Form

- Von den Tomaten die Deckel abschneiden und beiseite legen.
- Die Tomaten mit einem Melonenausstecher aushöhlen.
- Schafskäse mit einer Gabel zerdrücken und löffelweise Olivenöl unterrühren, bis eine streichfähige Masse entsteht.
- Den Schafskäse mit den Oliven, dem Knoblauch und der Minze vermischen und in die ausgehöhlten Tomaten füllen.
- Die Tomaten in eine gefettete Auflaufform setzen, Deckel wieder aufsetzen und bei 160 – 180 °C etwa 10 – 15 Minuten überbacken (öfter mal nachschauen, die Tomaten sollten nicht zerfallen, sondern nur gerade eben durchgaren).
- Dazu schmeckt ein frisches Fladenbrot.

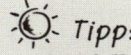 **Tipp:**
Die gefüllten Minztomaten eignen sich auch ungebacken als Vorspeise oder hübscher Blickfang auf einem kalten Büfett. Dafür den Stielansatz aus dem Deckel herausschneiden und mit frischen Minzenblättchen garnieren.

Oregano

Origanum vulgare, auch Dost oder Wilder Majoran genannt, ist bei uns vor allem als Pizzagewürz bekannt und gilt vielen deshalb als typisch italienisches Gewürz. Sein Name kommt aber aus dem Griechischen und bedeutet »Freude der Berge«, denn *oros* heißt »Berg« und *ganos* »Freude«. Jeder, der schon einmal in Griechenland gewandert ist, die mit Oregano bewachsenen Berghänge gesehen und ihren Duft in der Nase gespürt hat, weiß, wie die Griechen auf diesen Namen gekommen sind.

Der freudige Aspekt bestimmte auch die symbolische Deutung. In der Antike galt Oregano als Sinnbild des Glücks. Sowohl in Griechenland als auch in Rom schmückten Braut und Bräutigam sich mit Oreganokränzen.

Berghänge, Gebüschsäume und lichte Wälder sind die bevorzugten Siedlungsgebiete des Oregano, weshalb er an einem abschüssigen Sonnenplatz auf der Kräuterspirale auch so gut aufgehoben ist. Oregano kann im zeitigen Frühjahr unter Glas aus Samen gezogen und ab Mai ins Freiland gesetzt werden. Einfacher ist die Teilung alter Stöcke, am besten im Frühjahr. Aber auch die Vermehrung durch Stecklinge ist möglich.

Frische Blätter können laufend geerntet werden. Auch frische Oreganoblüten sind essbar und bestechen durch einen würzigen, leicht minzigen Geschmack. Anders als viele andere Kräuterpflanzen entwickelt der Oregano sein volles Aroma nicht vor, sondern während der Blütezeit. Zum Trocknen schneidet man daher die nicht verholzten Stängelspitzen des blühenden Oreganobusches, hängt sie kopfüber in Sträußen auf und verwahrt sie später in Schraubgläsern.

Oregano schmeckt ähnlich wie der nicht winterharte Majoran, aber ursprünglicher, wilder und herber. Er passt sehr gut zu Käse, Suppen,

Nudelgerichten, Tomatensaucen, Pizza, Auberginen und Zucchini, Kartoffelsuppen, Eier- und Quarkgerichten. Sein starkes Aroma empfiehlt ihn als Alleingewürz. Wie der herzhafte Kräuterkuchen bei den folgenden Rezepten zeigt, harmoniert er aber auch gut mit anderen Mittelmeerkräutern. Nur bei gleichzeitiger Verwendung mit dem allzu ähnlichen Majoran kann es zu Dissonanzen kommen.

Lösen wir uns also von der Pizzagewürz-Schublade, lassen wir uns vom wild-herben Aroma des Oregano zu neuen Gaumenfreuden inspirieren und machen wir so aus der »Freude der Berge« die »Freude aller Köchinnen und Köche«.

Tipps für die Oreganoküche

▷ Um einen feinwürzigen, herrlich rosafarbenen Essig zu bekommen, legen Sie frische Oreganoblüten in Weißweinessig ein.

▷ Marinieren Sie Gemüse oder Tofu zum Grillen in einer Mischung aus Olivenöl, Oregano und zerdrücktem Knoblauch.

▷ Streuen Sie Oreganoblüten großzügig über einen saftigen Tomatensalat.

▷ Belegen Sie eine Pizza mit Ziegenfrischkäse, eingelegten Trockentomaten und frischen Oreganoblüten.

▷ Probieren Sie eine Tomatensauce mit Kapern, Oregano und Basilikum.

▷ Braten Sie Zwiebeln mit frisch gegarten Spätzle in einer Pfanne an, würzen Sie mit Salz, Pfeffer und reichlich Oregano, rühren Sie eine Sauce aus süßer und saurer Sahne, Apfelwürfeln und Petersilie unter und bestreuen Sie das Ganze mit gehobeltem Parmesankäse.

▷ Würzen Sie selbst gemachtes Rucolapesto mit fein gehackten Oreganoblättern.

▷ Verrühren Sie für ein typisches »Italian Dressing« milden Senf mit frisch gepresstem Knoblauch, Salz, weißem Pfeffer, 1 Prise Zucker, Rotweinessig sowie Olivenöl und geben Sie zum Schluss fein gehackten Oregano und Basilikum dazu.

Schupfnudeln mit frischen Kräutern

500 g mehlig kochende Kartoffeln
250 g Weizenmehl, Type 1050
50 g Weizengrieß
2 Eier
Muskatnuss, frisch gerieben
Salz, Pfeffer
etwas Mehl zum »Schupfen«
etwas Öl für das Kochwasser
2 Knoblauchzehen, in feine Scheiben geschnitten
½ Bund Oregano
1 Zweig Rosmarin
1 Zweig Thymian
7 Salbeiblättchen
7 Lavendelblätter
2 EL Butter oder Margarine

- Kartoffeln in der Schale kochen, pellen und stampfen oder durch eine »Flotte Lotte« passieren. Mit Mehl, Grieß und Eiern zu einem festen Teig verkneten und mit Muskat, Salz und Pfeffer würzen.
- Einen tiefen Teller gut bedeckt mit Mehl füllen. Den Teig zu etwa 2 cm dicken Rollen formen, davon 1 cm lange Stücke abschneiden. Die Teigstückchen zwischen den bemehlten Handflächen kräftig rollen und in den tiefen Teller mit Mehl fallen lassen (»schupfen«). Die ideale Schupfnudel ist in der Mitte dick und an den Enden spitz.
- Die Schupfnudeln auf einem bemehlten Brett mit ausreichend Abstand zwischenlagern, damit sie nicht aneinander kleben.
- In siedendem Salzwasser mit etwas Öl so lange kochen, bis sie an die Oberfläche steigen (etwa 5 Minuten), mit dem Schaumlöffel herausheben und abtropfen lassen. (Evtl. mit kaltem Wasser abschrecken.)
- Knoblauch und die abgezupfte Blättchen der Kräuter in die heiße Butter oder Margarine geben und die Schupfnudeln darin kräftig rösten, bis sie schön goldbraun geworden sind.
- Dazu gibt's einen bunten Blattsalat.

Oregano-Kartoffel-Pfanne

1 kg Kartoffeln
4 EL Olivenöl
1 rote Paprikaschote
2 Zwiebeln, in dünne Ringe geschnitten
Salz, Cayennepfeffer
100 g grüne und schwarze Oliven, entkernt
1 Bund Oregano, die Blättchen von den Stielen gezupft

- Kartoffeln in der Schale kochen, pellen und in Scheiben schneiden.
- Die Kartoffelscheiben im Öl von allen Seiten kräftig anbraten.
- Die Paprikaschote würfeln, zusammen mit den Zwiebelringen zu den Kartoffeln geben und einige Minuten mitbraten.
- Die Kartoffelpfanne mit Salz und Cayennepfeffer kräftig würzen.
- Die Oliven unterrühren, mit den Oreganoblättchen bestreuen und sofort servieren.

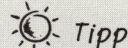 **Tipp:**
Servieren Sie dazu je nach Saison das Lauchgemüse mit Estragon (siehe Seite 58) oder den Kapuzinerkresse-Kerbel-Salat (Rezept siehe Seite 65).

Mediterraner Kräuterkuchen

Der ideale Zubiss zu einer Flasche Wein an einem lauen Sommerabend in Balkonien.

150 g Weizenvollkornmehl
1 TL Salz
75 g Butter oder Margarine
3 Eier
1 EL kaltes Wasser
Fett für die Form
4 Stängel Oregano, fein gehackt
1 EL Thymianblättchen, vom Stängel gezupft
1 EL Rosmarinblättchen, vom Stängel gezupft
100 ml Schlagsahne
3 EL Milch
Salz, Pfeffer
Muskatnuss, frisch gerieben

- Das Mehl mit dem Salz in eine Schüssel geben, Butter oder Margarine in Flocken zugeben, mit 1 Ei und dem kalten Wasser zu einem Mürbeteig verkneten und etwa eine 30 Minuten kalt stellen.
- Gut zwei Drittel des Teigs auf dem Boden einer gefetteten Springform ausrollen, das restliche Drittel zu einer langen Schlange rollen und daraus einen etwa 1 cm hohen Rand formen.
- Den Teig mit einer Gabel mehrmals einstechen und bei 180 – 200 °C 10 Minuten vorbacken.
- Zwei Drittel der Kräuter auf den Teig streuen. Die restlichen Eier mit Sahne, Milch, Salz, Pfeffer und Muskatnuss verquirlen und über die Kräuter gießen.
- Den Kräuterkuchen bei 180 – 200 °C etwa 15 Minuten backen, bis die Eifüllung fest ist.
- Mit den restlichen Kräutern bestreuen und noch warm servieren.

Kräuterspätzle

Meiner netten Nachbarin Susanne Malmsheimer, einer waschechten Schwäbin, verdanke ich eine fachfrauliche Einführung in die Kunst des Spätzleschabens. Hier meine Lieblingsvariante.

500 g Weizenmehl, Type 1050
5 Eier
½ Bund Oregano, fein gehackt
½ Bund Petersilie, fein gehackt
1 TL Salz
etwa 220 ml lauwarmes Wasser

■ Mehl in eine Schüssel sieben, in die Mitte eine Vertiefung eindrücken. Eier mit Kräutern und Salz verquirlen und in die Mulde geben. Mehl mit der Eier-Kräuter-Masse und etwas Wasser von der Mitte aus verrühren. Nach und nach das übrige Wasser hinzugießen, weiterrühren und darauf achten, dass keine Klumpen entstehen. Teig so lange kräftig schlagen, bis er Blasen wirft und sich ziehen lässt, ohne zu reißen. Ein Weilchen stehen lassen.

■ In der Zwischenzeit einen großen Topf Wasser bis kurz vor den Siedepunkt bringen.

■ Den Teig noch einmal tüchtig durchschlagen. Spätzlebrett mit abgeschrägter Seite (ersatzweise ein glattes Holzbrettchen) und einen scharfen Spätzleschaber mit kaltem Wasser abspülen. Eine Portion Teig auf das Brett geben, den Schaber kurz ins siedende Wasser eintauchen, den Teig damit auf der Schmalseite des Brettes dünn ausstreichen und mit dem stets erneut befeuchteten Schaber in schmalen Streifen zügig über den Brettrand ins Wasser schaben.

■ Die Spätzle einige Minuten garen, bis sie nach oben steigen, mit einem Schaumlöffel auf ein Sieb geben, abtropfen lassen und warm halten. Mit der nächsten Teigportion ebenso verfahren, bis der Teig aufgebraucht ist.

■ Die Spätzle auf tiefe Teller verteilen und mit etwas Olivenöl und gehobelten Parmesan anrichten.

Petersilie

»Petersilie Suppenkraut, wächst in unserm Garten ...« In fast allen Ländern der Welt zählt *Petroselinum crispum* zu den beliebtesten Küchenkräutern.

Dabei ist der Anbau der zweijährigen Pflanze nicht ganz einfach. Ein halbschattiger Platz mit nährstoffreichem, tiefgründigem Boden wie im unteren Bereich der Kräuterspirale behagt ihr am besten. Lockern Sie den Boden auf, reichern Sie ihn mit ein paar Handvoll Kompost an und säen Sie die Petersilie ab März gleich an Ort und Stelle. (Die Samenkörner sind giftig und dürfen daher in der Küche nicht verwendet werden – Samentüten von kleinen Kindern fernhalten!) Bei der Standortwahl ist zu beachten, dass die Petersilie mit sich selbst unverträglich ist. Frühestens nach vier Jahren darf sie wieder an derselben Stelle stehen. Nach dem Säen heißt es, sich in Geduld üben, denn die Keimzeit kann bis zu vier Wochen betragen. Also nicht zu schnell aufgeben, den Samen feucht halten und den Boden niemals austrocknen lassen. Sind die ersten Blättchen zu sehen, muss täglich nach Schnecken ausgespäht werden, denn die aromatische Petersilie steht auf der Liste ihrer Lieblingsspeisen ganz weit oben. Sind die Schnecken erfolgreich vertrieben, kann die erste Ernte bald beginnen. Vor dem Einsetzen des Winters empfiehlt es sich, die Petersilie mit Fichten- oder Kiefernreisig zu bedecken, damit Sie noch lange frische Blätter ernten können.

Petersilienblätter sollten eigentlich zu den frei verkäuflichen Multivitaminpräparaten gezählt werden. Sie enthalten viel Eisen, Magnesium, Phosphor, Kalzium und die Vitamine A, B_1, B_2, C und E. (Zwei Esslöffel gehackte Petersilie decken einen Großteil des täglichen Vitamin-C-Bedarfs!). Das Knabbern frischer Petersilienblätter hilft außerdem gegen Mundgeruch. Nicht nur deshalb, sondern vor allem wohl wegen des aphrodisierend wirkenden Inhaltsstoffs Apiol gilt es als Kraut, das Appetit auf die Liebe macht.

Glatte Petersilie ist würziger als krause Sorten. Die Blätter können laufend frisch geerntet werden. Beim Trocknen geht viel Aroma verloren. Trotzdem kann man glatte Petersilie in gehacktem Zustand trocknen und beim Servieren locker über die fertigen Speisen inklusive Tellerrand streuen. Auf schlichtem, weißem Geschirr wirkt das besonders dekorativ. Das Aroma frischer Petersilienblätter lässt sich am besten durch Einfrieren bewahren. Damit die wertvollen Vitamine nicht verloren gehen, sollte Petersilienkraut niemals mitgekocht, sondern immer erst an die fertigen Speisen gegeben werden.

Die Verwendungsmöglichkeiten der Petersilie in der Küche sind schier unbegrenzt. Interessant wird es, wenn wir ihren Ruf als Allerweltsgewürz und Standardgarnitur hinter uns lassen, sie sich in neuen Kombinationen bewähren lassen oder z. B. in Suppen und Saucen einmal ganz in den Vordergrund stellen. Sie werden rasch merken, dass die gute alte Petersilie vielseitiger ist als zunächst gedacht.

Tipps für die Petersilienküche

▷ Backen Sie krause Petersilienblätter mit Stängeln etwa 1 Minute lang in siedendem Fett aus.

▷ Mischen Sie eine Würzpaste aus fein gehackter Petersilie, zerdrücktem Knoblauch und abgeriebener Zitronenschale zu kross angebratenen Austernpilzen.

▷ Servieren Sie verlorene Eier und weich gegarte Birnenhälften zu Reis in einer mit dem Birnenkochwasser, Zucker, Tomatenmark und viel fein gehackter Petersilie abgerundeten, süßsauren Sauce aus frischen Tomaten.

▷ Probieren Sie einen bunten Salat aus gegarten, gelben Schälerbsen, Champignons, Paprika, Apfel, Tomaten mit viel Petersilie und einer würzigen Senf-Vinaigrette.

▷ Für ein »American Dressing« mixen Sie Joghurt mit etwas Crème fraîche, einem ordentlichen Klacks Ketchup, wenig Senf, etwas Zitronensaft, 1 Prise Zucker und sehr fein gehackter Petersilie.

▷ Oder wie wäre es mit Bandnudeln mit einem Walnusspesto aus gemahlenen Walnüssen, Olivenöl, Knoblauch, Parmesan und reichlich Petersilie?

Schneller Spargelkuchen

Ein ganz einfaches, aber äußerst wirkungsvolles Rezept für die Spargelzeit.

300 g frischer, weißer Spargel
Salz
4 – 6 Scheiben Vollkorntoast
Fett für die Form
80 ml Milch
80 ml Schlagsahne
1 Ei
Pfeffer
50 g mittelalter Gouda, frisch gerieben
½ Bund Petersilie, fein gehackt

- Den Spargel sorgfältig schälen, holzige Enden abschneiden. In Salzwasser bissfest garen und gut abtropfen lassen.
- Die Toastbrotscheiben in einer Schicht in eine gut gefettete Auflaufform legen und den Spargel daraufverteilen.
- Die Milch mit der süßen Sahne und dem Ei verquirlen, mit Salz und Pfeffer würzen und den Spargel damit begießen.
- Den Spargel mit dem Käse bestreuen und bei 180 – 200 °C etwa 25 Minuten backen.
- Zuletzt die gehackten Kräuter aufstreuen und noch warm servieren.

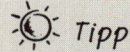 **Tipp:**
Statt weißem können Sie natürlich auch grünen Spargel verwenden. Noch festlicher wirkt der Kuchen in einer runden Tortenform mit sternförmig angeordneten Spargelstangen.

Makkaroni mit Petersilie und Zitronenzucchini

Meine Gedanken wanderten sehnsuchtsvoll nach Italien, als dieses Gericht entstand. Dazu eine frisch gebackene Foccacia – bellissimo!

300 g Vollkornmakkaroni
Salz
250 g Zucchini
2 EL Olivenöl
Saft und abgeriebene Schale einer halben unbehandelten Zitrone
1 Bund Petersilie, fein gehackt
Pfeffer
50 g Parmesan, fein gehobelt

- Die Nudeln in reichlich Salzwasser bissfest kochen, abgießen und in den heißen Kochtopf zurückgeben.
- Die Zucchini in dünne Scheiben schneiden und im Olivenöl weich dünsten.
- Das Gemüse vom Herd nehmen, mit Zitronensaft und -schale sowie Petersilie mischen und mit Salz und Pfeffer abschmecken.
- Das Zucchinigemüse über die Nudeln geben und mit Parmesan bestreuen.

Maistaler mit Petersiliensauce

Für die Maistaler:

2 Eier
250 g gegarter Gemüsemais
75 g Weizenvollkornmehl
1 EL weiche Butter oder Margarine
Salz, Pfeffer
Öl zum Ausbacken

Für die Sauce:

2 Bund Petersilie, fein gehackt
⅛ l Kefir oder Schwedenmilch
75 g Parmesan, frisch gerieben
½ Scheibe Vollkorntoastbrot, zerbröselt
1 Knoblauchzehe, zerdrückt
½ TL Kräutersalz

- Für die **Maistaler** die Eier schaumig rühren und mit den Maiskörnern, dem Mehl und der Butter vermischen. Mit Salz und Pfeffer kräftig abschmecken.
- Den Teig löffelweise in reichlich Öl zu goldgelben Talern ausbacken.
- Für die **Sauce** die fein gehackten Kräuter mit dem Kefir oder der Schwedenmilch, dem Parmesan, den Brotbröseln und dem Knoblauch in einen hohen Rührbecher geben. Das Kräutersalz dazugeben und alle Zutaten mit dem Pürierstab oder im Mixer pürieren.
- Die Sauce zu den Maistalern servieren.

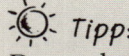 **Tipp:**
Dazu schmeckt ein frisch gestampftes Kartoffelpüree.

Petersiliensuppe

250 g Kartoffeln
1 große Zwiebel, grob gehackt
100 g grüne Bohnen
1 l Gemüsebrühe
150 g saure Sahne
1 großer Bund Petersilie, fein gehackt
Salz, Pfeffer
2 EL Sonnenblumenkerne
einige Petersilienblätter zum Garnieren

- Die Kartoffeln schälen und in Würfel schneiden. Die Kartoffelwürfel mit der gehackten Zwiebel und den Bohnen in der Brühe etwa 20 Minuten garen.
- 100 g saure Sahne und die Petersilie in die Brühe geben.
- Die Suppe im Mixer oder mit dem Pürierstab pürieren und mit Salz und Pfeffer abschmecken. Nicht mehr kochen!
- Die Sonnenblumenkerne in einer Pfanne ohne Fett kurz anrösten.
- Die Suppe mit jeweils einem Klecks von der restlichen sauren Sahne, den Sonnenblumenkernen und den Petersilienblättern garnieren.

Pimpinelle

»Steinpetersilie«, »Pfefferwurzel«, »Biber-
nelle« – das Küchenkraut, von dem hier
die Rede ist, hat viele Künstlernamen. Am
schönsten finde ich aber immer noch die
Bezeichnung »Kleiner Wiesenknopf«. Mit
ihren lustigen roten Blütenkugeln ist die
ausdauernde, anspruchslose und doch
äußerst dekorative Pflanze eine Zierde
für jede bunte Blumenwiese.

Sanguisorba minor, so der hoch-
offizielle Titel, kommt denn auch
tatsächlich in fast ganz Europa und
Vorderasien wild wachsend auf Berg-
hängen und trockenen, mageren Wie-
sen, an Rainen und lichten Trockenwäldern vor.
Im Garten hat sie es gern trocken, kalkhaltig und sonnig, gedeiht aber
ebenfalls im Halbschatten und ist auch sonst in jeder Hinsicht pflege-
leicht. Schneidet man sie im Sommer öfter zurück, bilden sich immer
wieder frische, zarte Blätter. Im unteren Drittel der Kräuterspirale fühlt
sie sich besonders wohl. Damit sie sich durch eigene Aussaat nicht allzu
ungeniert ausbreitet, empfiehlt es sich, regelmäßig die Blütentriebe
herauszuschneiden.

Pimpinellenblätter haben einen angenehm erfrischenden, nussar-
tigen, zuweilen an Borretsch und Gurke erinnernden Geschmack. Sie
können laufend geerntet werden. Zum Trocknen sind sie leider nicht so
geeignet. Eingefroren oder in Essig, Öl, Salz oder Zitronensaft eingelegt
können wir ihr würziges Aroma besser bewahren. Die würzigen Blätter
enthalten ätherische Öle, Gerb- und Bitterstoffe, Saponine und Vitamine, wirken appetitanregend sowie stoffwechsel- und verdauungsfördernd, sind also nicht nur schmackhaft, sondern auch äußerst gesund.

In der Verwendung sind Pimpinellenblätter sehr vielseitig, sollten
aber immer erst den fertigen Speisen zugefügt werden. Kocht man sie
mit, büßen sie ihr frisches Aroma ein.

Pimpinelle eignet sich zum Würzen von Salaten, Suppen, Quark, Eierspeisen, Mayonnaisen, Kräutersaucen und kühlen Getränken. In Spanien ist sie Bestandteil des »Ensalada italiana«, in Italien der würzigen »Salsa verde«. Ganz lecker schmecken aber auch einfach frisch gehackte Pimpinellenblätter auf einem herzhaften Butterbrot.

Tipps für die Pimpinellenküche

▷ Setzen Sie aus Weißwein, Essigessenz und mehreren Zweigen Pimpinelle einen würzigen Weißweinessig an.

▷ Probieren Sie die »Salsa verde« (Italiens Antwort auf die hessische Grüne Soße) aus Olivenöl, wenig Essig, Salz und Pfeffer und reichlich fein gehackten Kräutern wie Pimpinelle, Estragon, Kerbel, Sauerampfer, Petersilie, Fenchel, Schnittlauch und 1 Blättchen Liebstöckel.

▷ Legen Sie in ein mit dem pflanzlichen Geliermittel Agar-Agar zubereitetes Gemüse-Aspik als oberste Schicht einige besonders schöne Pimpinellenblätter ein.

▷ Backen Sie Quarkbratlinge aus 2 Teilen Quark, 1 Teil Weizenvollkornmehl, 1 – 2 Eiern, Salz, Pfeffer und 1 Bund fein gehackter Pimpinelle in Sonnenblumenöl goldbraun aus.

▷ Mischen Sie aus frisch gehackten Pimpinellenblättchen, Olivenöl und Zitronensaft eine Würze für gegrillte Zucchini- und Auberginenscheiben.

▷ Erfrischen Sie sich im Sommer mit einer fruchtigen Altbierbowle mit Erdbeeren, Apfelstücken und Pimpinellenblättern.

Gurkenschiffchen mit Pimpinellefüllung

Die hübsche grün-weiße Flotte hat bisher noch auf jedem Büfett erfolgreich Anker geworfen.

1 Salatgurke
1 Bund Pimpinelle, fein gehackt
100 g Frischkäse
50 g Schafskäse
8 Radieschen, in dünne Stifte geschnitten
4 schwarze Oliven, entsteint und grob gehackt

- Die Salatgurke schälen, der Länge nach halbieren, in etwa 7 cm lange Stücke schneiden, die an beiden Enden (Bug und Heck!) mit dem Küchenmesser vorsichtig zugespitzt und anschließend in voller Länge mit einem Melonenausstecher oder einem scharfkantigen Teelöffel ebenso vorsichtig ausgehöhlt werden.
- Gurkeninneres mit der gehackten Pimpinelle sowie Frisch- und Schafskäse pürieren.
- Die Gurkenschiffchen mit der Käseladung befüllen und mit Radieschen und Oliven beflaggen. Ahoi!

 Tipp:
Eine nette Variante sind bunte Gurkenräder: Höhlen Sie die ganze Gurke in der Mitte aus, füllen Sie die Käsemasse hinein und schneiden Sie die Gurke anschließend in dicke Scheiben.

Pimpinelle-Kichererbsen-Salat

1 grüne Paprikaschote oder ½ Salatgurke
2 Tomaten, klein gewürfelt
1 Frühlingszwiebel
½ unbehandelte Zitrone
250 g Kichererbsen, gekocht
1 Bund Pimpinelle, fein gehackt
2 EL Olivenöl
1 EL Balsamico-Essig
Salz, Pfeffer

- Die Paprikaschote oder die Salatgurke würfeln, die Tomaten ebenfalls in kleine Würfel schneiden. Die Frühlingszwiebel in feine Ringe schneiden. Die halbe Zitrone schälen und in kleine Stücke schneiden.
- Kichererbsen, Paprika oder Gurke und Tomaten mischen, mit Zwiebelringen, Pimpinelle und Zitronenstückchen bestreuen.
- Den Salat mit Öl, Essig, Salz und Pfeffer abschmecken.

Kräuterpfannkuchen mit Pilzen

Für die Pfannkuchen:

200 g Weizenvollkornmehl
375 ml Milch
3 Eier
1 Bund Pimpinelle, fein gehackt
Öl zum Ausbacken
1 Handvoll frische Kresse

Für die Pilzfüllung:

1 Zwiebel, fein gehackt
1 EL Butter oder Margarine
500 g Champignons
2 Knoblauchzehen, zerdrückt
Salz, Pfeffer
2 Zweige Thymian, fein gehackt
200 ml Schlagsahne

- Für die **Pfannkuchen** das Vollkornmehl mit der Milch und den Eiern gründlich verquirlen und etwa 30 Minuten ruhen lassen.
- Für die **Füllung** die gehackte Zwiebel in der Butter oder der Margarine glasig dünsten.
- Die geputzten und in Scheiben oder Viertel geschnittenen Pilze und den Knoblauch zu den Zwiebeln geben und bei mittlerer Hitze weiterbraten, bis die Pilze gar sind.
- Die Champignons mit Salz, Pfeffer und frischem Thymian kräftig würzen.
- Die Sahne unter die Pilze rühren und alles leise köcheln lassen.
- Die gehackte Pimpinelle unter den Pfannkuchenteig heben.
- Öl in einer großen Pfanne erhitzen und den Teig portionsweise zu dünnen Pfannkuchen ausbacken.
- Die Pfannkuchen auf Teller legen, auf einer Hälfte mit der Pilzmischung belegen und zuklappen.
- Die Pfannkuchen mit frischer Kresse bestreuen und sofort servieren.

Herzhafter Sellerie-Obst-Salat

Ein Salat der schönen Farben, in dem der manchmal als etwas streng
empfundene Geschmack des Selleries durch die vielen, fruchtigen Zutaten abgemildert wird. Ein Augen- und ein Gaumenschmaus!

800 g Knollensellerie
100 g Staudensellerie
1 Apfel
100 g kernlose grüne Weintrauben
100 g kernlose rote Weintrauben
1 Granatapfel
Salz
150 g Mayonnaise
150 g Joghurt
1 Bund Pimpinelle, fein gehackt
abgeriebene Schale einer halben unbehandelten Orange
Saft einer halben Zitrone
1 Spritzer Tabascosauce
Pfeffer
1 Handvoll Walnusskerne

- Knollensellerie schälen, vierteln und in sehr dünne Scheiben schneiden. Staudensellerie in sehr feine Streifen schneiden.
- Den Apfel vierteln und in dünne Scheiben schneiden. Die Weintrauben halbieren. Aus dem Granatapfel das Fruchtfleisch mit den
  Kernen herauslösen.
- Knollensellerie in reichlich Salzwasser wenige Minuten blanchieren,
  gut abtropfen lassen und mit Staudensellerie, Apfel und Weintrauben in einer Schüssel mischen.
- Mayonnaise mit Joghurt, Pimpinelle, Orangenschale, Zitronensaft
  und Tabascosauce verrühren, mit Salz und Pfeffer abschmecken und
  unter den Salat ziehen.
- Den Salat mit halbierten Walnüssen und dem Granatapfelfrucht-
  fleisch mit den Kernen bestreuen.

Ringelblume

Mit ihren strahlend gelben bis dunkel-
orangefarbenen Blüten verschönert
Calendula officinalis von jeher bunte
Bauerngärten. Ebenso wertvoll erweist
sich die »Heilpflanze des Jahres 2009«
für kulinarische, naturheilkundliche
und kosmetische Zwecke. Dass sie das
ganze Jahr über blüht, klingt in ihrem
botanischen Namen an, der darauf
hindeutet, dass sie am ersten Tag jedes
Monats (lat. *calendae)* in Blüte steht.

Mit ihren fröhlichen, sonnengelben Blüten ist die Ringelblume ein wahrer Gute-Lau-
ne-Macher. Wegen ihrer »Wetterfühligkeit« fun-
giert sie außerdem als zuverlässiger, pflanzlicher Wetterfrosch. Schauen
Sie um 7 Uhr morgens nach draußen: Sind die Blüten der Ringelblumen noch geschlossen, wird es an diesem Tag regnen oder sehr bedeckt
sein. Sind die Blüten geöffnet, wird die Sonne scheinen.

An einem sonnigen Platz, an dem sie sich wohl fühlt, samt sich die
einjährige Ringelblume immer wieder von selbst aus. Ziehen Sie im zeitigen Frühjahr, wenn sich die kleinen Pflanzen zeigen, einfach alles aus,
was unerwünscht ist, oder versetzen Sie es an eine geeignetere Stelle.
Auf der Kräuterspirale gedeiht die Ringelblume am besten im unteren
Bereich. Es macht aber gar nichts, wenn sie über die Jahre nicht unbedingt standorttreu ist. Im Gegenteil, als streunender Gast kann sie auch
in anderen Gartenregionen hübsche Farbtupfer setzen.

Über die vielfältigen Heilwirkungen der Ringelblume ließe sich
lange erzählen. Äußerlich angewendet wirkt sie gegen jede Art von
Hautreizung wahre Wunder. Doch auch der Verzehr der Blütenblätter erweist sich als segensreich: Durch den hohen Gehalt an bioaktiven Pflanzenstoffen, den Carotinoiden, besitzen sie möglicherweise
krebsvorbeugende Eigenschaften. In Kombination mit Vitamin C wirken Carotinoide zudem gegen den grauen Star. Da in Calendulablüten

beide Stoffe enthalten sind, lohnt es sich auch aus Gesundheitsgründen, sie öfter mal in den Salat zu mischen. Schon ihr sonnengelber Anblick wirkt zudem als natürlicher Stimmungsaufheller.

Um die Blüten in der Küche verwenden zu können, zupfen Sie die Blütenblätter ab. (Die grünen Teile bleiben zurück.) Sie machen sich prächtig in jedem Salat und peppen eher »blasse« Gerichte wie Reis, Dips, Cremesuppen, Käsegerichte und Brotaufstriche auf. Die Blütenblätter schmecken leicht pfeffrig. Mit Knoblauch und Dill ergeben sie einen guten Kräutermix zum Würzen gedämpfter Gemüse wie Möhren, Brokkoli, Blumenkohl oder Rosenkohl. Verwenden Sie sie großzügig und setzen Sie damit in Ihrer Küche bunte, fröhliche Akzente.

Tipps für die Ringelblumenküche

▷ Verschönern Sie helle Rührkuchen mit gehackten Ringelblumen-Blütenblättern, die Sie vor dem Backen in den Teig einrühren. Fertige Kuchen können Sie zusätzlich mit ganzen Ringelblumenblüten verzieren.

▷ Garen Sie Reis in Gemüsebrühe mit fein gehackter Zwiebel und 2 Handvoll gehackten Ringelblumen-Blütenblättern. Auch in einem Gemüserisotto machen sich die Blütenblätter gut.

▷ Geben Sie Ringelblumenblüten in das Kochwasser geschälter und geviertelter Kartoffeln. Schwenken Sie die gekochten Kartoffeln in zerlassener Butter und wälzen Sie sie dann so in einem tiefen Teller mit frischen Ringelblumenblüten, dass möglichst viel von den Blütenblättern hängen bleibt.

▷ Mischen Sie 2 EL fein gehackte Blütenblätter mit 80 – 100 g weicher Butter und schmecken Sie das Ganze je nach persönlicher Vorliebe mit Honig, Zitronensaft und geriebener Orangenschale oder mit Salz, Pfeffer und fein gehackten Frühlingszwiebeln ab. Die Blütenbutter schmeckt köstlich auf Waffeln oder Brot.

Süße Ringelblumenspeise

Ein ganz wunderbares, ungewöhnliches Dessert – natürlich auch ein hübscher Blickfang auf einem sommerlichen Büfett.

2 große Eier
½ l Milch
2 EL Ringelblumenblüten, gehackt und im Mörser zerdrückt
2 EL Vollrohrzucker
½ Vanilleschote, ausgekratzt
Fett für die Förmchen
6 ganze Ringelblumenblüten
6 ofenfeste Förmchen

- Die Eier schaumig schlagen und nach und nach die Milch zugeben.
- Zuletzt Blütenblätter, Zucker und Vanille einrühren.
- Sechs Portionsförmchen leicht fetten, Eiermilch hineingeben und die vollen Förmchen so in eine mit Wasser gefüllte Auflaufform setzen, dass sie fast bis zum Rand im Wasserbad stehen.
- Bei 140 – 160 °C etwa 60 Minuten im Backofen backen, bis die Masse gestockt ist und sich eine schöne Kruste gebildet hat.
- Die Süßspeise noch warm oder gekühlt mit jeweils einer ganzen Blüte verziert servieren.

 Tipp:
Sind keine passenden Förmchen zur Hand, können Sie auch ofenfeste Kaffeetassen verwenden.

Ringelblumen-Mais-Muffins

Mais, Cheddarkäse und Ringelblumen sorgen für die herrliche, goldgelbe Farbe dieser herzhaften Muffins.

250 g Maismehl
150 g Weizenvollkornmehl
2 TL Weinsteinbackpulver
½ TL Salz
2 große Eier
230 ml Milch
3 EL Sonnenblumenöl
150 g gelber Cheddarkäse, geraspelt
250 g gegarter Gemüsemais
4 EL Ringelblumenblüten, abgezupft
1 Muffinbackform oder 12 Papierförmchen
Fett für die Backform

- Das Mais- und Weizenmehl mit dem Backpulver und dem Salz mischen.
- In einer anderen Schüssel Eier aufschlagen und nach und nach die Milch und das Öl zugeben, dann den Käse und die Maiskörner unterrühren.
- Die Eimasse mit dem Mehl verrühren und zuletzt die Blütenblätter in den Teig geben.
- Die gefetteten Muffinförmchen oder die Papierförmchen fast bis zum Rand füllen und bei 180 – 200 °C etwa 20 Minuten backen.

☼ *Tipp*:
Servieren Sie die Muffins mit Butter zu einem grünen Salat.

Ringelblumenkäse

Ein echter Hingucker auf dem Brunchbüfett! Auf großen Kapuziner-
kresseblättern angerichtet wirkt er besonders schön.

200 g Cheddarkäse
50 g grüne Paprikaschote
50 g rote Paprikaschote
50 g Möhre
400 g Frischkäse (Zimmertemperatur)
4 EL Ringelblumenblüten, abgezupft und fein gehackt
3 EL Frühlingszwiebel, fein gehackt
1 Knoblauchzehe, zerdrückt
Salz, Pfeffer
einige ganze Ringelblumenblüten mit Stielen

- Den Cheddar fein reiben. Die Paprikaschoten und die Möhre sehr fein würfeln.
- Den Käse, den Frischkäse und das Gemüse mit den Blütenblättern, den gehackten Frühlingszwiebeln und dem Knoblauch gut vermischen, mit Salz und Pfeffer gut abschmecken und mindestens 1 Stunde kühl stellen.
- Den Käse kurz vor dem Servieren zu einer schönen Halbkugel formen.
- Zur Verzierung einige Ringelblumenblüten mit den Stielen in die Käsemischung drücken.

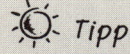 **Tipp:**
Wenn Sie möchten, können Sie aus der gekühlten Masse natürlich auch Käsebällchen formen und die Ringelblumenblüten dazwischen legen.

Würzige Möhrensuppe mit Ringelblumen

1 große Gemüsezwiebel
2 Knoblauchzehen, zerdrückt
4 EL Butter oder Margarine
1 säuerlicher Apfel
4 EL Erdnüsse, gehackt
1 MSP Zimt, gemahlen
½ TL Muskatnuss, frisch gerieben
1 MSP Kreuzkümmel, gemahlen
800 g Möhren
1 l Gemüsebrühe
100 ml Milch
2 Handvoll Ringelblumen-Blütenblätter

- Zwiebel grob hacken und mit dem Knoblauch in der Butter oder Margarine bei milder Hitze glasig dünsten.
- Den Apfel grob würfeln und zusammen mit den Erdnüssen und den Gewürzen zu der Zwiebel geben, einige Minuten mitdünsten lassen.
- Die Möhren grob würfeln, dazugeben und unter ständigem Rühren ebenfalls andünsten.
- Die Gemüsebrühe zufügen und bei geringer Hitze etwa 20 Minuten köcheln lassen.
- Die Milch zugießen und die Suppe im Mixer oder mit dem Pürierstab pürieren.
- Die Suppe von der Kochstelle nehmen und unmittelbar vor dem Servieren die Blütenblätter einrühren.

Rosmarin

Vor dem Haus auf Korsika, in dem ich im Sommer gerne Urlaub mache, steht eine 10 Meter lange und zwei Meter hohe Rosmarinhecke. Schon an Sonnentagen riecht sie einfach wunderbar. Wenn es aber in meinem Urlaub ausnahmsweise einmal kräftig gießt, bin ich gar nicht böse. Der intensive Duft, den diese Hecke nach einem Regenguss verströmt, ist einfach unbeschreiblich!

Rosmarinus officinalis lautet der lateinische Name dieses Aromawunders. Der »Nachname« *officinalis* deutet auf seine Verwendung als Arzneikraut hin. Seinen »Vornamen« *Ros Maris* (»Tau des Meeres«) bekam das Kraut von dem römischen Autor Plinius, weil es nach seiner Beobachtung oft so nah am Wasser wuchs, dass es vom Schaum oder Tau (lat. *ros*) des Meeres (lat. *mare*) besprizt werden konnte.

Tatsächlich ist der Rosmarin rund ums Mittelmeer heimisch. Als kälteempfindliches Kind des Südens bekommt er auf der Kräuterspirale den höchsten Platz, den oberen Teil der wärmespeichernden Trockenmauer im Rücken, die letzten Ausläufer der gewendelten Steine als Schutz gegen den Ostwind zur Seite. In dieses wärmende Nest gebettet und bei Frostgefahr in einen dicken Wintermantel aus Laub und/oder Tannenzweige eingehüllt, kann er kräftig wachsen und sein würziges Aroma optimal entfalten.

Geerntet werden die nadelförmigen Blätter, und zwar am besten vor der Blüte. Wer die Blätter aufbewahren möchte, trocknet sie sofort nach der Ernte – bei warmem Wetter draußen im Schatten oder in einem warmen Zimmer (z.B. Heizungsraum) luftig ausgebreitet. Wer frischen Rosmarin verwenden will, kann auch später noch laufend frische Triebe ernten.

Dass ein so würziges Heilkraut wie der Rosmarin auch für die Küche entdeckt wurde, war wohl nur eine Frage der Zeit. Seit dem 17. Jahrhundert wird er häufig in Kochbüchern erwähnt, vor allem im Zusammenhang mit Wild- und Lammfleisch, aber auch mit Gemüsegerichten, Saucen, Suppen und Salaten. Als Gewürz verwendet man die frischen oder getrockneten ganzen, gestoßenen oder gemahlenen Blätter.

Besonders in der italienischen, französischen und spanischen Küche sowie auf dem Balkan und im Kaukasus spielt der Rosmarin bis heute eine große Rolle. Aus den klassischen Gewürzmischungen »Fines Herbes« und »Herbes de Provence« ist er nicht wegzudenken.

Rosmarin passt sehr gut zu Eintöpfen und Kartoffeln, zu allem Gebratenen, Gebeizten und Gegrillten, aber auch zu süßen Cremes und Obstsalaten. Experimentieren Sie beim Kochen abseits der ausgetretenen Würzpfade, und Sie werden staunen, auf welch vielseitige Weise Sie sein Mittelmeeraroma einfangen können – der letzte Urlaub lässt grüßen!

Tipps für die Rosmarinküche

▷ Werfen Sie beim Grillen 1 Rosmarinzweig in die Holzkohleglut.

▷ Geben Sie beim Brotbacken einige geschnittene frische Rosmarinblätter in den Brotteig.

▷ Stellen Sie nach dem Rezept für Estragon-Essig einen Rosmarinessig her.

▷ Probieren Sie Rosmarin als Gewürz für Bohnen- und Linsensalat.

▷ Würzen Sie Salatsaucen auf Essigbasis mit gemahlenem Rosmarin.

▷ Würzen und garnieren Sie Obstsalat mit frischen Rosmarinblättern und -blüten.

▷ Verrühren Sie klein gestoßene Rosmarinblüten mit etwas Zucker und Sahne und gießen Sie diese feinwürzige Sauce über ein frisches Fruchtpüree.

Würziges Winterkompott

Am besten schmeckt dieses Kompott noch lauwarm mit einem ordentlichen Klecks Vanilleeis.

1 großer, säuerlicher Apfel (z. B. Boskoop)
80 g getrocknete Sauerkirschen, ohne Steine
80 g getrocknete Pflaumen, ohne Steine
80 g getrocknete Aprikosen
300 ml Apfelsaft
4 EL Honig
½ Vanilleschote, ausgekratzt
3 Lorbeerblätter
1 kleiner Zweig Rosmarin
1 kleiner Zweig Salbei

- Den Apfel entkernen und in schmale Spalten schneiden.
- Zusammen mit den anderen Zutaten in einen Kochtopf geben und zum Kochen bringen.
- Das Obst etwa 20 Minuten leise köcheln und anschließend noch mindestens 1 Stunde lang auf der ausgeschalteten Herdplatte ziehen lassen.
- Die Kräuter erst kurz vor dem Servieren entfernen.

 Tipp:
Wer es gern alkoholisch mag, nimmt Weißwein statt Apfelsaft und fügt ganz am Ende einen ordentlichen Schuss Calvados zu.

Rosmarintofu vom Grill

Die Tofuspieße locken beim sommerlichen Grillen auch eingefleischte Bratwurstfans an. Nehmen Sie deshalb ruhig die doppelte Menge mit zur Einladung.

500 g Räuchertofu
250 g nicht zu kleine, ganze Champignons
100 ml Kürbiskernöl
1 Bund frischer Rosmarin, klein geschnitten
Grillgewürz
Grillspieße

- Den Räuchertofu in große Würfel schneiden. Champignons vorsichtig säubern.
- Tofuwürfel und Champignons mit Kürbiskernöl und Rosmarin mischen. Mit dem Grillgewürz kräftig würzen und 1 Stunde ziehen lassen.
- Tofuwürfel und Champignons abwechselnd auf Spieße stecken und auf dem Grill in etwa 10 – 15 Minuten bei nicht allzu großer Hitze knusprig werden lassen.

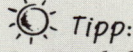 **Tipp:**
Ist gerade kein Grillfest angesagt, können Sie die Tofuspieße natürlich auch in einer großen Pfanne rundum kräftig anbraten. Dazu passen in jedem Fall Brot und ein frischer Salat.

Knusprige Kichererbsen mit Knoblauch und Rosmarin

Mal etwas anderes zum Knabbern! Aber auch als Beilage oder über einen Salat gestreut schmecken die Kichererbsen richtig gut.

400 g Kichererbsen, gekocht
3 EL Olivenöl
1 EL frische (oder 1 TL getrocknete) Rosmarinblätter, grob gehackt
2 Knoblauchzehen, fein gehackt
½ TL Salz
Pfeffer

- Kichererbsen abseihen, abspülen, auf einem Geschirrtuch ausbreiten und trockentupfen.
- Das Olivenöl erhitzen und die Kichererbsen darin etwa 5 – 7 Minuten von allen Seiten kräftig anbraten.
- Die Kichererbsen mit Rosmarin, Knoblauch und Salz würzen und noch einige Minuten braten, bis der Knoblauch bräunlich wird.
- Mit Salz und etwas Pfeffer abschmecken und als Beilage oder leckere Knabberei sofort servieren.

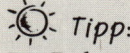 **Tipp:**

Im Rohzustand benötigen Sie 200 g getrocknete Kichererbsen, die über Nacht eingeweicht und etwa 1 Stunde in Wasser gegart werden.

Süße Mangocreme mit Rosmarin

Eine überraschende Kombination voll geschmacklicher Harmonie!

1 Päckchen Puddingpulver, Vanille
½ l Milch
2 EL Vollrohrzucker
1 reife Mango
200 g Frischkäse
1 EL frische (oder 1 TL getrocknete) Rosmarinblätter, gehackt
Rosmarinstängel zum Garnieren

- Den Vanillepudding nach Packungsanweisung mit der Milch und dem Zucker zubereiten und kühl stellen.
- Die Mango schälen und das Fruchtfleisch pürieren.
- Frischkäse, Mangopüree und die gehackten Rosmarinblätter unter den Vanillepudding rühren.
- Die Mangocreme mit Rosmarinstängeln verzieren.

 **Tipp:**
Die Creme schmeckt auch mit anderen Früchten, z. B. mit reifen Pfirsichen oder Aprikosen.

Rucola

Kräuterpflanzen sind zeitlos, sollte man meinen. Doch auch uralte Kräuter können plötzlich wieder ganz groß in Mode kommen. Rucola ist dafür ein gutes Beispiel. Seit ein paar Jahren ist er fast so etwas wie ein Lifestyle-Produkt. Und das hat sein Gutes – wurde auf diese Weise doch nicht nur ein gesundes, sondern auch ein besonders pikantes Kraut neu entdeckt, das unserer Kreativität in der Küche viele neue Impulse gibt.

Eruca sativa, im deutschen Sprachraum auch »Rauke«, »Ölrauke« oder »Persischer Senf« genannt, wurde bei uns in den letzten Jahren so populär, dass man ihn frisch inzwischen sogar in den Gemüseabteilungen von Supermärkten kaufen kann. Der Nitratgehalt konventionell angebauten Rucolas ist jedoch oft hoch. Wenn Sie Rucola kaufen, sollten Sie daher lieber zu Bioware greifen. Das Beste vom Besten ist natürlich Rucola aus dem eigenen Garten!

Rucola mag es gern etwas nährstoffreicher und warm mit lichtem Schatten. Im oberen, aber nicht mehr so sandig mageren Bereich der Kräuterspirale ist er daher gut aufgehoben. Einjährige Arten sind frostempfindlich, werden wie Kresse im zeitigen Frühjahr ausgesät und als Salatpflanze gezogen. Für den eigenen Anbau bieten sich ausdauernde Arten an, die im Frühjahr durch Wurzelteilung vermehrt werden können.

Geerntet werden die jungen Blätter, die grundsätzlich frisch verwendet werden, vor der Blüte. Ausdauernden Rucola können Sie stets aufs Neue abschneiden und kurzhalten wie Schnittlauch, er wächst immer wieder nach. Wegen der hübschen Blüten und interessanten Früchte lohnt es sich, einige Stängel blühen und ausreifen zu lassen.

Die Blüten sind ebenfalls essbar und eine schöne Verzierung für grünen Salat.

Die kleinen, glatten, braunen Rucolasamen enthalten ein scharf schmeckendes Öl mit dem Hauptbestandteil Erucasäure, das abgepresst und ähnlich wie Rapsöl zu Speise-, Brenn- oder Schmieröl verarbeitet wird. Asiatisches Raukenöl ist goldgelb bis goldbraun. In Indien nimmt man es zum Einlegen von Gemüse.

Gesund ist Rucola wegen des hohen Gehalts an Vitamin C sowie anderen Vitaminen und Mineralstoffen. Seine Bitterstoffe wirken verdauungsfördernd. Rucola gilt als wertvolles Mittel gegen Appetitlosigkeit und Frühjahrsmüdigkeit. Probieren Sie selbst: Sein scharfwürziger Geschmack kann selbst die müdesten Lebensgeister wecken!

Tipps für die Rucolaküche

▷ Genießen Sie den klassischen Rucolasalat mit Olivenöl, Balsamico-Essig, Salz, Pfeffer und hauchdünn gehobeltem Parmesan.

▷ Erweitern Sie den Salat um Tomaten und in Scheiben geschnittene Pellkartoffeln und rühren Sie dazu eine Sauce aus Senf, Balsamico-Essig und Kürbiskernöl an.

▷ Unterstreichen Sie den nussigen Geschmack des Rucolasalats durch eine Vinaigrette mit Walnussöl.

▷ Verwenden Sie für den beliebten »Insalata Caprese« (Tomaten mit Mozzarella) einmal Rucola statt Basilikum.

▷ Verteilen Sie auf einer mit Tomaten und Parmesan gebackenen Pizza frische Rucolablätter.

▷ Streuen Sie fein gehackte Rucolablätter auf ein Butterbrot – der pure Genuss!

Weizen-Rucola-Salat

200 g Weizen
½ l Wasser
2 EL Olivenöl
2 EL Balsamico-Essig
Salz, Pfeffer
100 g Erbsen
300 g kleine Cherrytomaten
1 Bund Rucolablätter, grob gehackt

- Den Weizen über Nacht in reichlich Wasser einweichen.
- Die Weizenkörner in dem Wasser aufkochen, 45 Minuten leise köchelnd quellen lassen und gründlich abgießen.
- Das Öl mit dem Balsamico-Essig verquirlen, mit Salz und Pfeffer würzen. Das Dressing über den Weizen gießen und gut vermischen.
- Den Weizensalat im Kühlschrank ziehen lassen.
- Die Erbsen in etwas Wasser garen, abkühlen lassen und unter den Weizen mischen.
- Die Cherrytomaten halbieren und mit dem gehackten Rucola unterheben.

 Tipp:
Variieren Sie den Salat mit anderen Getreidearten wie Dinkel, Kamut oder Grünkern. Besonders bewährt hat sich der Salat als Mitbringsel zu Picknick, Party oder Gartenfest.

Gnocchi mit Rucolapesto

Das selbst gemachte Rucolapesto können Sie auch gut zu Pasta, Kartoffeln oder Eierspeisen sowie zum Würzen von Salatsaucen verwenden.

Für die Gnocchi:

900 g mehlig kochende Kartoffeln
200 g Weizenvollkornmehl
80 g Vollkorngrieß
2 Eigelb
Salz, Muskatnuss, frisch gerieben

Für das Pesto:

150 ml Olivenöl
2 Knoblauchzehen, gehackt
150 g Rucolablätter, in Streifen geschnitten
150 g Parmesan am Stück
40 g Pinienkerne, gemahlen

- Für die **Gnocchi** die Kartoffeln in der Schale garen und pellen. Abgekühlte Kartoffeln zerstampfen, mit Mehl, Grieß und Eigelb zu einem festen Teig verkneten und mit Salz und Muskat würzen. (Falls der Teig noch nicht fest genug ist, etwas Mehl zusätzlich nehmen.)
- Den Kartoffelteig auf einer bemehlten Arbeitsfläche zu dicken Rollen formen und etwa 2 Zentimeter lange Stücke abschneiden. Mit einer Gabel in die typische Gnocchi-Form bringen.
- Die Gnocchi in reichlich siedendem Salzwasser garen, bis sie an die Oberfläche steigen.
- Für das **Pesto** Olivenöl, Knoblauch und Rucola mit dem Pürierstab pürieren. Die Hälfte des Parmesankäses sehr fein reiben und gemeinsam mit den gemahlenen Pinienkernen unterrühren.
- Vom restlichen Parmesan mit einem Käsehobel dünne Scheiben abhobeln.
- Das Rucolapesto über den gegarten Gnocchi verteilen und mit den Parmesanscheiben verzieren.

Cannelloni mit Rucolafüllung

Für die Füllung:

50 g Champignons
200 g Rucolablätter, fein geschnitten
1 Zwiebel, klein gehackt
1 Knoblauchzehe, zerdrückt
1 EL Olivenöl
200 g körniger Frischkäse
Kräutersalz, Pfeffer

8 – 12 Cannelloni
100 g Schafskäse, fein zerbröselt

Für die Tomatensauce:

500 g Tomaten
2 EL Tomatenmark
Salz, Pfeffer
Paprika, gemahlen
getrockneter Oregano

Für die Béchamelsauce:

1 EL Butter oder Margarine
2 EL Vollkornweizenmehl
200 ml Milch
Salz, Muskatnuss, frisch gerieben

- Für die **Füllung** die Champignons in feine Scheiben schneiden. Rucola, Champignons, Zwiebel und Knoblauch im Olivenöl weich dünsten, abkühlen lassen, mit dem Frischkäse vermischen und mit Kräutersalz und Pfeffer würzen.

- Für die **Tomatensauce** die Tomaten häuten, klein schneiden und mit dem Tomatenmark aufkochen. Mit Salz, Pfeffer, Paprika und Oregano abschmecken und etwas einköcheln lassen.

- Für die **Béchamelsauce** Butter oder Margarine mit Mehl anschwitzen, Milch zugießen und unter ständigem Rühren aufkochen lassen. Mit Salz und Muskat würzen.

- Die Tomatensauce in eine Auflaufform gießen. Die Cannelloni mit der Rucola-Käse-Mischung füllen und nebeneinander in die Tomatensauce legen.

- Mit der Béchamelsauce begießen und mit dem Schafskäse bestreuen.

- Die Cannelloni bei 180 – 200 °C etwa 30 Minuten backen.

Bratkartoffeln mit Avocado-Rucola-Creme

Knusprige Bratkartoffeln mit einer sahnigen, kräuterwürzigen Creme – ein reizvoller Gegensatz!

1 kg Kartoffeln
Olivenöl zum Braten
2 große, reife Avocados
2 EL Zitronensaft
100 g Rucolablätter, fein gehackt
50 g Sauerampferblätter, fein gehackt
1 Bund Basilikum oder Borretschblätter, fein gehackt
1 Bund Zitronenmelisse oder Schnittlauch, fein gehackt
150 ml Schlagsahne
Salz, Pfeffer

- Die Kartoffeln in der Schale garen und pellen. Kartoffeln in mundgerechte Stücke schneiden und im Olivenöl bei mittlerer Hitze knusprig braten.
- Das Fruchtfleisch der Avocados im Mixer oder mit dem Pürierstab pürieren. Sofort mit dem Zitronensaft verrühren, damit die Avocados nicht braun werden.
- Die gehackten Kräuter unter die pürierte Avocado rühren. Die Schlagsahne steif schlagen und vorsichtig unterziehen.
- Die Avocadocreme mit Salz und Pfeffer würzen und zu den Bratkartoffeln servieren.

Salbei

Der Salbei gehört zu den ältesten und bis heute beliebtesten Heilpflanzen, wie uns schon sein wissenschaftlicher Name, *Salvia officinalis,* verrät, denn »heilen« heißt lateinisch *salvare.* Seine Heimat ist der Mittelmeerraum, wo man ihm auf Wanderungen in Südfrankreich, Italien, Griechenland, Dalmatien und Mazedonien häufig wild begegnet. Mit seinen schönen blauen bis rosavioletten Blüten ist er ein echtes Schmuckstück für jeden Garten und verströmt besonders bei heißem Sommerwetter einen einzigartigen, würzigen Duft. Auf der Kräuterspirale findet er seinen Platz in der oberen, mediterranen Zone neben dem Rosmarin, den er als guter Nachbar vor Mehltau schützt. Eine dicke Mulchdecke macht dem Salbei das Überwintern in kühlen Gegenden leichter.

Schon die alten Griechen und Römer wussten die heilende Wirkung des Salbeis zu schätzen. Im Mittelalter galt er als eine Art Universalheilmittel, ein Stammplatz in den Klostergärten war ihm sicher. Auch in der mittelalterlichen Liebesmagie spielte er eine zentrale Rolle, wofür vielleicht nicht ganz unwichtig war, dass der Salbei in früheren Zeiten für guten Atem sorgte. Viele Jahrhunderte lang diente er als Ersatz für die noch nicht erfundene Zahnbürste – man rieb sich einfach mit einem Salbeiblatt die Zähne ab.

Am meisten Wirkstoffe und Aroma haben die jungen Blätter und Triebspitzen. Zum Aufbewahren sollten die Blätter vor der Blüte bei trockenem Wetter und zur Mittagszeit geerntet, im Schatten getrocknet und bei künstlicher Wärme bis zu 35 °C nachgetrocknet werden.

Für den frischen Gebrauch kann man den ganzen Sommer und Herbst über junge Blätter ernten, einzelne Exemplare sogar oft noch im Winter. Getrockneter Salbei schmeckt strenger und »medizinischer«

als die frischen Blätter. Für die Hausapotheke ist er gut geeignet, zum Kochen jedoch sollten Sie stets nur frischen Salbei verwenden.

Die rosa- bis lilafarbenen Salbeiblüten sehen nicht nur toll aus, sondern sind ebenfalls essbar und eine schöne Bereicherung für die kreative Küche. Salbeifans ziehen gleich mehrere Arten, um sich von Mai bis November an den verschiedenen Blütenfarben und Aromen erfreuen zu können. Wohlklingende Namen wie »Pfirsichsalbei«, »Ananassalbei« und »Zitronensalbei« machen auf derlei Experimente Appetit.

In den Küchen Südeuropas wird frischer Salbei seit langem als Alleingewürz oder in Gewürzmischungen verwendet. Bedenken Sie beim Experimentieren, dass er sehr starke Geschmacksakzente setzt. Verwenden Sie ihn deshalb als Mitgewürz eher sparsam und als Hauptgewürz eher wie eine Hauptzutat. Pasta oder Gnocchi mit Salbei brauchen nichts weiter als ein wenig Butter, Salz und Pfeffer; jede weitere Zutat würde den köstlichen Geschmack dieser einfachen, aber wirkungsvollen Gerichte nur verwässern.

Wie in der mediterranen Berglandschaft kann der Salbei auch in der Küche für sich alleine stehen. Lassen Sie sich von ihm heilen und verwöhnen!

Tipps für die Salbeiküche

▷ 1 Stängel Salbei im Apfelgelee sieht toll aus und sorgt für ein feinherbes Aroma.

▷ Mixen Sie aus Salbei, gerösteten Walnüssen, Walnussöl und etwas Knoblauch ein würziges Pesto.

▷ Tauchen Sie frische Salbeiblätter in Bierteig und backen Sie sie knusprig aus.

▷ Streuen Sie frischen, gehackten Salbei über Bratkartoffeln.

▷ Würzen Sie eine Kräuterbutter mit Salbei, Pfefferminze, Ysop und Petersilie.

▷ Setzen Sie Sonnenblumenöl mit Salbei, Thymian und Petersilie an.

▷ Frieren Sie Salbeiblüten mit Wasser in Eiswürfelbehältern ein.

Erbsensuppe mit Salbei

2 Zwiebeln, fein gehackt
2 EL Butter
500 g junge Erbsen
1 l Gemüsebrühe
100 ml Schlagsahne
2 EL Salbeiblätter, fein gehackt
Salz, Pfeffer

- Die gehackten Zwiebeln in der Butter andünsten. Die Erbsen zugeben und kurz mitdünsten lassen.
- Die Erbsen mit der Gemüsebrühe angießen, etwa 15 – 20 Minuten kochen lassen.
- Suppe mit dem Pürierstab pürieren oder durch ein Sieb streichen.
- Die Sahne steif schlagen, zum Schluss den gehackten Salbei einstreuen.
- Salbeisahne unter die Suppe ziehen. Nicht mehr kochen!
- Die Suppe mit Salz und Pfeffer abschmecken und sofort servieren.

Salbeispaghetti

Bei diesem einfachen, aber wirkungsvollen italienischen Klassiker kommt alles auf die Qualität der Zutaten an: Bissfeste Nudeln, gute Butter, gartenfrischer Salbei und echter, frisch geraspelter Parmesan. Bellissimo!

500 g Vollkornspaghetti
Salz
100 g Butter
3 Knoblauchzehen, zerdrückt
1 Tasse Salbeiblätter, in feine Streifen geschnitten
100 g Parmesan, frisch gerieben

- Die Spaghetti in reichlich Salzwasser bissfest kochen. In einem Sieb abtropfen lassen.
- Die Butter in einem kleinen Topf nicht zu stark erhitzen. Den Knoblauch und den Salbei hinzufügen und kurz dünsten.
- Die Buttersauce unter die Spaghetti mischen.
- Die Nudeln mit frischem Parmesan bestreuen und sofort servieren.

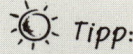 *Tipp:*
Ersetzen Sie die Spaghetti einmal durch selbst gemachte Gnocchi (Rezept siehe Seite 123).

Salbeiblüten-Fenchel-Salat

In den äußeren Blättern großer Fenchelknollen wie in Schiffchen angerichtet, wirkt dieser bunte Sommersalat besonders dekorativ.

2 Fenchelknollen
1 unbehandelte Orange
½ Salatgurke
4 Blätter Eisbergsalat
4 EL Salbeiblüten
3 EL Olivenöl
2 EL Zitronensaft
Salz, Pfeffer

- Die Fenchelknollen in sehr feine Streifen schneiden.
- Die Orange gründlich schälen und in kleine Stücke schneiden.
- Die Salatgurke würfeln, die Salatblätter in feine Streifen schneiden.
- Fenchel, Orange, Gurke, Eisbergsalat und Salbeiblüten mischen.
- Das Öl mit dem Zitronensaft verquirlen, mit Salz und Pfeffer wür-
  zen und unter den Salat heben.

Salbei-Knusperstängel

Ausgebackenen Salbeistängel – originelles Fingerfood für Kräuterfans!

2 Eier
4 EL Weißwein
8 EL Wasser
1 ½ EL Olivenöl
6 – 7 gehäufte EL Weizenvollkornmehl
1 TL Vollrohrzucker
1 Prise Salz
16 Salbeistängel, etwa 10 cm lang (mit Blüten und Blättern)
Erdnussöl zum Ausbacken

- Die Eier trennen. Eiweiß im Kühlschrank aufbewahren.
- Eigelbe schaumig rühren, nach und nach Weißwein, Wasser, Olivenöl, Mehl, Zucker und Salz zugeben und zu einem glatten Teig anrühren.
- Den Teig zugedeckt bei Zimmertemperatur einige Stunden ruhen lassen.
- Eiweiß sehr steif schlagen und vorsichtig unter den Teig heben.
- Die Salbeistängel in den Teig tauchen und in reichlich Öl knusprig goldbraun ausbacken – eine Köstlichkeit!

Sauerampfer

Beim Sauerampfer ist der Name Programm: In der breiten Kräuter-Geschmackspalette ist er für die saure Note zuständig.

Als einheimische Pflanze ist *Rumex acetosa* auf bunten, feuchten Sommerwiesen, an Grabenrändern, Flüssen und Bachufern überall anzutreffen und an seinen rötlichen Stängeln, seinen pfeilförmigen Blättern und den rotbraunen Blütenrispen gut zu erkennen. Zur Erntezeit verleiht er so mancher Heuwiese einen rötlichen Schimmer. In der Küche kommen Sorten mit breiteren, zarteren Blättern zum Einsatz. Ein besonders feines Zitronenaroma hat der »Römische Schildampfer« *(Rumex scutatos),* sehr dekorativ wirkt der rotgeäderte »Blutampfer« *(Rumex sanguineus).*

Im Garten ist der Sauerampfer anspruchslos. Im unteren Bereich der Kräuterspirale findet er den von ihm bevorzugten nährstoffreichen, feuchten Boden. Wenn Sie die Blütenstiele rechtzeitig ausbrechen, können Sie mehr Blätter ernten. Stängel und Blätter machen schlapp, sobald der erste Frost naht. Die Pflanze selbst ist jedoch winterhart und treibt im zeitigen Frühjahr stets von Neuem aus.

Junge Sauerampferblätter kann man laufend ernten. (Die Herzblätter sollten aber stehen bleiben, damit die Pflanze sich erholen kann.) Für den Winter trocknen kann man die Blätter nicht. Am ehesten lässt sich das Sauerampferaroma noch konservieren, indem man die klein geschnittenen Blätter in Wasser (z. B. in einem Eiswürfelbereiter) einfriert und später so in Saucen und Suppen gibt.

Sauerampfer enthält reichlich Vitamin C – roh fast so viel wie die Zitrone. Außerdem macht Sauer ja bekanntlich lustig. Gegen die berüchtigte Frühjahrsmüdigkeit wirkt der Sauerampfer wahre Wunder: Seine Säure weckt müde Geschmacksknospen aus dem Winterschlaf! Er baut die Abwehrkräfte auf, wirkt blutreinigend und entschlackend. Früher bildeten die jungen Sauerampfertriebe im zeitigen Frühjahr

oft die erste ergiebige Vitamin-C-Quelle. Aus diesem Grund galt der Sauerampfer auch als wichtiges Mittel gegen den Skorbut.

Frische, klein gehackte Sauerampferblätter schmecken gut in Salaten, Quark und kalten Kräutersaucen. Für ihren typisch sauren Geschmack ist die Oxalsäure zuständig, die wir auch vom Rhabarber kennen. Da Oxalsäure im Körper die Aufnahme von Kalzium und Eisen hemmt, sollte man Sauerampfer nicht über längere Zeit in rauen Mengen essen. In normaler Dosierung ist er aber äußerst gesund.

Tipps für die Sauerampferküche

▷ Mischen Sie ein paar Handvoll fein geschnittene Sauerampferblätter in einen frischen Möhren-Apfel-Salat.

▷ Variieren Sie einen mit Öl, Essig, Salz und Pfeffer angemachten Kartoffelsalat durch einige Handvoll grob gehackte Sauerampferblätter.

▷ Ziehen Sie 1 EL fein gehackte Sauerampferblätter unter gezuckerte und mit etwas Zitronensaft beträufelte Erdbeeren.

▷ Blanchieren Sie Sauerampferblätter in Salzwasser und dünsten Sie ihn anschließend in Butter zu einem schmackhaften Gemüse.

▷ Mischen Sie Sauerampfer unter Spinat- oder Mangoldgerichte.

▷ Genießen Sie die feine Säure des Ampfers auch in Kräuter-, Linsen- und Kartoffelsuppen.

▷ Putzen Sie Ihr ererbtes Tafelsilber mit dem ausgedrückten Saft von Sauerampferblättern – das funktioniert mindestens ebenso gut wie mit gekauften chemischen Mitteln!

▷ Achtung: Sauerampfer nie in Eisentöpfen kochen – das gibt einen unangenehm metallischen Geschmack!

Chicoréeschiffchen mit Sauerampfer

Dekorativ als Beilage, aber auch als Fingerfood auf einem kalten Büfett.

4 Chicorées
3 EL Olivenöl
1 TL Senf
1 EL Joghurt
1 TL Zitronensaft
1 EL Parmesan, frisch gerieben
Salz, Pfeffer
1 Prise Roh-Rohrzucker
4 EL Sauerampferblätter, in feine Streifen geschnitten

- Die Chicorées der Länge nach halbieren und vorsichtig die Strünke keilförmig herausschneiden.
- Das Öl mit dem Schneebesen nach und nach mit dem Senf verrühren.
- Den Joghurt, den Zitronensaft und den Parmesan zugeben und die Sauce mit Salz, Pfeffer und Zucker abschmecken.
- Auf die Schnittfläche der Chicorées je einen Klecks Senfsauce geben und die Schiffchen mit den Sauerampferstreifen bestreuen.

Sauerampferkuchen

Lange vor dem ersten Rhabarberkuchen kommt bei mir dieser originelle, süßsäuerliche Vorfrühlingsbote auf den Kaffeetisch.

100 g Rosinen
⅛ l Orangensaft, frisch gepresst
250 g Weizenvollkornmehl
2 TL Trockenhefe
⅛ l lauwarme Milch
1 EL Öl
1 EL Honig
3 – 5 EL lauwarmes Wasser
Fett für die Form
100 g frische Sauerampferblätter
3 EL Ahornsirup
2 Eier
100 g Haselnüsse, gemahlen

- Die Rosinen im Orangensaft einweichen.
- Mehl und Hefe vermischen, mit Milch, Öl, Honig und Wasser zu einem glatten Teig verkneten. An einem warmen Ort zugedeckt 1 Stunde gehen lassen.
- Den Teig nochmals durchkneten und auf dem Boden einer gefetteten Springform verteilen. Mit den Sauerampferblättern belegen.
- Den Orangensaft abgießen, mit dem Ahornsirup und den Eiern verquirlen.
- Die Rosinen und die Haselnüsse auf die Sauerampferblätter in der Springform streuen und mit der Orangensaftmischung begießen.
- Den Kuchen im leicht angewärmten Ofen noch einmal 30 Minuten gehen lassen, anschließend bei 180 – 200 °C etwa 30 Minuten backen.

Sauerampfersuppe

Eine fein säuerliche Suppe für den Frühling.

300 g junge Sauerampferblätter
1 Zwiebel, gehackt
40 g Butter oder Margarine
¾ l Gemüsebrühe
Salz, Pfeffer
Muskatnuss, frisch gerieben
1 Prise Vollrohrzucker
100 ml Milch
100 ml Schlagsahne

- Die gewaschenen und von den Stielen befreiten Sauerampferblätter übereinanderlegen und in feine Streifen schneiden.
- Die Zwiebel in der Butter oder Margarine glasig dünsten. Sauerampfer dazugeben und unter ständigem Rühren vorsichtig zusammenfallen lassen.
- Den Sauerampfer mit der Brühe aufgießen, aufkochen und etwa 10 Minuten leise köcheln lassen.
- Die Suppe mit Salz, Pfeffer, Muskat und Zucker abschmecken.
- Die Milch und die Sahne unterrühren und die Suppe sofort servieren.

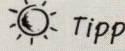 *Tipp:*
Wer möchte, kann die Suppe mit einem halben Glas Weißwein verfeinern und 1 – 2 hart gekochte, fein gewürfelte Eier über die fertige Suppe streuen.

Spinat-Sauerampfer-Gratin

350 g junge, frische Spinatblätter
1 große Zwiebel, fein gehackt
4 EL Butter oder Margarine
2 EL Weizenvollkornmehl
¼ l kalte Milch
1 große Handvoll junge Sauerampferblätter, grob gehackt
Salz, Pfeffer
Muskatnuss, frisch gerieben
Fett für die Form
4 EL Vollkornsemmelbrösel
80 g Parmesan, frisch geraspelt

- Die Spinatblätter grob hacken.
- Die Zwiebel in 1 EL Butter oder Margarine glasig dünsten, Spinat zugeben, unter ständigem Rühren vorsichtig zusammenfallen lassen und beiseite stellen.
- In 2 EL Butter oder Margarine das Mehl anschwitzen, Topf vom Herd nehmen, Milch zugießen und mit dem Schneebesen kräftig rühren, damit keine Klümpchen entstehen.
- Den Topf wieder auf den Herd stellen und zum Kochen bringen, bis die Sauce eingedickt ist.
- Spinat und Sauerampfer unter die Sauce rühren, mit Salz, Pfeffer und Muskat abschmecken.
- Das Gemüse in eine gefettete Auflaufform füllen. Semmelbrösel und Parmesan mischen und darüberstreuen.
- Die restliche Butter oder Margarine in kleinen Flöckchen aufsetzen und das Gratin bei 180 – 200 °C etwa 30 Minuten überbacken.

Schnittlauch

Allium schoenoprasum ist der zierlichste, hübscheste und mildeste Vertreter aller Zwiebelgewächse. In China ist sein Anbau bereits seit 4000 Jahren belegt. Dort mundete er schon Marco Polo, der die Pflanze im Abendland bekannt gemacht haben soll. Bis heute wird in China auf der Straße und in Reisezügen gesottener Schnittlauch als pikantes Fast Food verkauft. In Mitteleuropa dagegen wurde der Schnittlauch erst im Mittelalter gezielt angepflanzt. Seine Verwendung als Küchenkraut ist hier seit dem 16. Jahrhundert belegt.

Um möglichst viele aromatisch saftige Blätter ausbilden zu können, braucht der Schnittlauch einen nahrhaften, feuchten Boden. Auf der Kräuterspirale steht er deshalb im unteren Bereich. Düngen Sie ihn mit Kompost und einem gelegentlichen Schuss Brennnesseljauche. In Trockenzeiten sollten Sie ihn regelmäßig gießen. Ab März/April kann Schnittlauch direkt im Freiland ausgesät werden. Am einfachsten ist jedoch die Vermehrung durch Stockteilung. Schnittlauch ist ausdauernd. Wenn Sie auch im Winter frischen Schnittlauch ernten wollen, topfen Sie sich einen Ballen ein und stellen Sie ihn zuhause auf die Fensterbank, wo er bald frisch austreiben wird.

Frischen Schnittlauch können Sie das ganze Jahr hindurch ernten. Schneiden Sie den Schnittlauch mit Schere oder Messer regelmäßig etwa zwei Zentimeter über dem Boden kräftig zurück, dann wächst er immer wieder neu nach. Lassen Sie dabei aber stets auch einen Teil stehen, damit die Pflanze sich wieder erholen und auch blühen kann. Die hübschen, blasslila Blüten, die auf den ersten Blick an flauschige Bommeln erinnern und bei genauerem Hinsehen aus lauter kleineren Blüten bestehen, sind nicht nur wunderschön anzusehen und eine hervorragende Bienenweide, sondern ebenfalls essbar und eine attraktive Bereicherung für viele interessante Schnittlauchgerichte.

Fein geschnittene Schnittlauchröllchen lassen sich auch recht gut einfrieren. Beim Trocknen, Kochen oder Dünsten geht allerdings das meiste Aroma verloren. Das wäre schade, denn mit seinem feinen, durch reichlich Senföle genährten, lauchartig zwiebeligen Geschmack gibt der Schnittlauch vielen Gerichten genau die richtige, frische Würze, wirkt stimulierend und regt Appetit und Verdauung an. Außerdem hat Schnittlauch viel Vitamin C. Wie alle Zwiebelgewächse enthält er Stoffe, die sich günstig auf Blutdruck und Cholesterinwerte auswirken und zur Krebsprophylaxe beitragen sollen. Um all diese wertvollen Inhaltsstoffe zu erhalten, gibt man fein gehackte Schnittlauchröllchen am besten frisch über bereits gekochte Speisen. Besonders gut passt er zu Eierspeisen, Rahmsaucen, Suppen, frischen Gemüsesalaten, Kartoffeln, Mayonnaisen, Quark, Kräuterbutter und auf Butterbrot.

Tipps für die Schnittlauchküche

▷ Servieren Sie zum nächsten Gemüsefondue frische Schnittlauchblüten mit Stängeln. Die Blüten werden kurz in der Gemüsebrühe gegart, in einen Dip aus Sojasauce und geriebenem Ingwer getaucht und von den Stängeln geknabbert.

▷ Zupfen Sie vorsichtig die kleinen Blütenblätter aus den Schnittlauchblüten und mischen Sie sie in eine Kräuterbutter.

▷ Backen Sie ganze Schnittlauchblüten in Bierteig aus.

▷ Füllen Sie kleine Cocktailtomaten mit einer Mischung aus Frischkäse und Schnittlauchröllchen.

▷ Geben Sie reichlich Schnittlauchröllchen in einen herzhaften Pfannkuchenteig.

▷ Drücken Sie fertig geschmierte Sandwiches mit der Schnittseite in einen Teller mit Schnittlauchröllchen.

▷ Kneten Sie Kräuterfrischkäse und viel fein gehackten Schnittlauch, Kerbel und Dill in einen Teig für herzhafte Kräuterbrötchen.

Grüner Spargel mit Sesam und Schnittlauchblüten

Lecker und ein wahres Fest fürs Auge!

500 g grüner Spargel
Salz
2 EL Olivenöl
1 EL Sesamsamen
2 EL Schnittlauchröllchen
1 TL Sojasauce
1 Handvoll Schnittlauchblüten
Pfeffer

- Die holzigen Enden des Spargels entfernen und die Stangen schräg in mundgerechte Stücke schneiden.
- Den Spargel über wenig Salzwasser bissfest dämpfen.
- Das Öl in einer Pfanne erhitzen, erst Sesamsamen, dann Schnittlauchringe, Sojasauce und Spargel zugeben und zugedeckt wenige Minuten rundum anbraten.
- Die kleinen Einzelblüten von den Schnittlauchstämmen lösen (einige ganze Blüten zum Garnieren aufheben) und über den Spargel geben. Zugedeckt noch kurz mitgaren lassen.
- Den Spargel mit den ganzen Blüten verzieren, mit etwas Salz und Pfeffer bestreuen und sofort servieren.

Lauchbratlinge mit Schnittlauch

4 kleine Lauchstangen
1 Knoblauchzehe, zerdrückt
2 EL Butter oder Margarine
4 stark gehäufte EL Weizenvollkornmehl
2 Eier
Salz, Pfeffer
1 Bund Schnittlauch, fein geschnitten
50 g Parmesan, frisch gerieben
Öl zum Braten

- Den Lauch in feine Ringe schneiden.
- Lauch und Knoblauch in der Butter oder Margarine dünsten und abkühlen lassen.
- Lauchgemüse mit Mehl und Eiern zu einem Teig verrühren, mit Salz und Pfeffer würzen.
- Schnittlauchröllchen und geriebenen Parmesan unter den Teig rühren.
- In reichlich Öl aus jeweils einem Esslöffel Teig kleine, knusprige Bratlinge ausbacken.

 Tipp:
Die Lauchbratlinge passen gut zu Kartoffelpüree und frischem Möhrensalat und schmecken auch am nächsten Tag noch kalt.

Rote-Bete-Salat mit Schnittlauch

Ein äußerst gesunder Herbstsalat, der nur so strotzt vor Vitaminen, Mineralien und bioaktiven Pflanzenstoffen!

3 mittelgroße Rote Bete
2 Äpfel
2 Handvoll frische Sprossen (z. B. Alfalfa, Rettich oder Kresse)
2 EL Olivenöl
2 EL Obstessig
½ TL Anis, gemahlen
½ TL Koriander, gemahlen
1 Prise Muskatnuss, frisch gerieben
1 Prise Nelken, gemahlen
1 Bund Schnittlauch, fein geschnitten
einige Schnittlauchblüten

- Rote Bete schälen und grob raspeln. Die Äpfel ebenfalls grob raspeln.
- Rote Bete, Äpfel und Sprossen vermischen.
- Das Öl, den Essig und die Gewürze verquirlen und mit den Schnittlauchröllchen unter den Salat heben.
- Den Salat mit den Schnittlauchblüten verzieren.

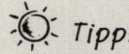 **Tipp:**
Besonders attraktiv und herbstlich wirkt der Salat in einem halben, ausgehöhlten Kürbis als »Schüssel«.

Weiße Radieschensuppe

Eine erfrischende Suppe, für laue Sommerabende ganz besonders gut
geeignet.

2 Scheiben Pumpernickel
500 g Joghurt
½ l Buttermilch
Salz, Pfeffer, Vollrohrzucker
1 Bund Radieschen, in sehr feine Scheiben geschnitten
1 Bund Schnittlauch, gehackt
einige Schnittlauchblüten

- Pumpernickel zerbröseln und mit dem Joghurt und der Buttermilch
  verrühren.
- Die Suppe mit Salz, Pfeffer und Zucker abschmecken.
- Die Radieschen in sehr feine Scheiben schneiden und mit dem
  gehackten Schnittlauch unter die Joghurtsuppe rühren.
- Die Suppe kalt stellen und kurz vor dem Servieren mit Schnittlauchblüten verzieren.

Thymian

Als niedrig wachsender Boden-
decker überzieht *Thymus vul-
garis* rund ums Mittelmeer
ganze Hügelketten mit seinem einzigartigen Duft. Von
Mai bis Oktober lockt er mit
seinen rosaroten bis dunkelvio-
letten Blüten Hummeln, Bienen
und Schmetterlinge an und spen-
det einen köstlich würzigen Honig. Seine
Heilkraft ist legendär und offenbar selbst im Tier-
reich bekannt: Ameisen bauen ihre Hügel gern unter Thymian, um sich
vor Krankheitserregern zu schützen.

Thymian lässt sich am besten durch Stockteilung im Frühjahr ver-
mehren und braucht einen leichten, sandigen, kalkhaltigen Boden in
sonniger Lage. Auf der Kräuterspirale sollte er einen Platz in der oberen, mediterranen Zone bekommen, wobei darauf zu achten ist, dass
das kleinwüchsige Kraut nicht von raumgreifenden Nachbarn über-
schattet und in seinem Wuchs behindert wird. Am äußeren Rand, wo er
nach außen über die Steine wachsen kann, gefällt es dem Thymian oft
am besten. Es gibt viele dekorative und buntblättrige Arten und Sorten,
auch solche mit einem ausgeprägten Zitronen-, Orangen- oder Ana-
nasaroma.

Geerntet werden die Blätter kurz vor der Blüte, und zwar am besten
mittags, wenn die Sonne am höchsten steht und sie besonders aromatisch sind. Thymiankraut enthält ein sehr charakteristisches ätherisches
Öl mit dem Hauptbestandteil Thymol sowie Gerb- und Bitterstoffe,
Saponine, Flavone, Harze und andere Substanzen. Durch das Trocknen
wird das Aroma noch intensiver und weckt so in der kalten Jahreszeit in
uns sommerliche Gefühle. Als schleimlösendes Anti-Erkältungsmittel
hilft es uns zusätzlich, den Winter besser zu überstehen.

Als Gewürz gewann der Thymian erst im Mittelalter Bedeutung.
Heute ist er aus der mediterranen Küche gar nicht mehr wegzudenken,

ist Bestandteil von »Fines Herbes«, »Herbes de Provençe« und »Bouquet garni«. Aber auch in den Balkanländern, in Afrika und in Mitteleuropa zählt er zu den beliebtesten Gewürzen. Er unterstützt die Verdauung fetter Speisen, passt besonders zu Käse, Hülsenfrüchten und gegrilltem Gemüse, aber auch zu Obstsalaten und Marmeladen. Auch die kleinen Blüten sind essbar und eine hübsche Verzierung für leichte Speisen.

Tipps für die Thymianküche

▷ Wenden Sie kleine, geschälte Kartoffeln in Olivenöl mit Thymian und backen Sie sie anschließend auf dem Backblech gar.

▷ Geben Sie Zitronen-, Orangen- oder Ananasthymian in Obstsalat oder Rote Grütze.

▷ Verfeinern Sie Erdbeer- oder Aprikosenmarmelade mit frischem Thymian.

▷ Beträufeln Sie die Schnittseiten halbierter, frischer Feigen mit frisch gepresstem Orangensaft und überbacken Sie sie mit Vollrohrzucker, Thymian und Butterflöckchen.

▷ Probieren Sie als Alternative zu Tomaten mit Mozzarella einmal Tomaten mit Tofu, Leinöl und Thymian.

▷ Schneiden Sie halbierte Auberginen der Länge nach zu Fächern und bestreichen Sie sie vor dem Grillen mit Olivenöl und Thymian.

▷ Geben Sie fein gewürfelten Räucherkäse und gehackten Thymian in Ihre Bratlingsmischung.

▷ Schlagen Sie Sahne mit fein gehacktem Thymian halbsteif und geben Sie pro Teller einen Klacks auf eine pürierte Brokkolisuppe.

Überraschungspäckchen vom Grill

Ein schönes vegetarisches Mitbringsel zur Grillparty, das auch bei nicht-vegetarischen Grillgästen erfahrungsgemäß reißenden Absatz findet.

4 große Tomaten
4 große Champignons
2 kleine Zucchini
1 Zwiebel
4 EL Olivenöl
400 g Schafskäse
8 schwarze Oliven, entsteint
Salz, Grillgewürz
1 Bund Thymian
Alufolie zum Verpacken

- Tomaten und Champignons in Scheiben schneiden. Zucchini in Würfel, Zwiebel in Ringe schneiden.
- Auf die Mitte von vier ausreichend großen Stücken Alufolie jeweils 1 EL Olivenöl streichen und zu gleichen Teilen mit Schafskäse, Tomaten, Champignons, Zucchini, Zwiebeln und Oliven belegen. Kräftig mit Salz und Grillgewürz bestreuen.
- Vier Stängel Thymian zur Seite legen. Die restlichen Thymianblättchen von den Stängeln zupfen, im Mörser kräftig andrücken und über das Gemüse streuen.
- Zum Schluss auf jedes Gemüsehäufchen einen Stängel Thymian legen. Die Alufolie sorgfältig zu einem geschlossenen Päckchen falten, damit kein Saft austreten kann.
- Die Päckchen dicht über der Glut etwa 10 – 15 Minuten grillen.

Spaghetti Napoli

Ein edler Klassiker, oft als Schnell- oder Fertiggericht missbraucht, den es mit einer Sauce aus sonnengereiften Tomaten, frischem Thymian und echtem Parmesan neu zu entdecken gilt.

500 g Vollkornspaghetti
Salz
1 kg reife Tomaten
1 Zwiebel, gehackt
1 Knoblauchzehe, zerdrückt
2 EL Butter oder Margarine
1 Zweig Thymian
Salz, Pfeffer, Vollrohrzucker
50 g Parmesan, frisch gerieben

- Vollkornspaghetti in reichlich Salzwasser bissfest kochen und abtropfen lassen.
- Die Tomaten häuten, Blütenansätze entfernen und in grobe Stücke schneiden.
- Zwiebel und Knoblauch in Butter oder Margarine glasig dünsten.
- Tomatenstücke und Thymianblättchen dazugeben und etwa 15 Minuten einkochen lassen.
- Die Sauce mit Salz, Pfeffer und Zucker abschmecken und mit den Spaghetti und dem Parmesan servieren.

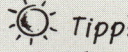 **Tipp:**
Mit 1 l Gemüsebrühe und etwas saurer Sahne wird aus der Sauce eine leckere Tomatensuppe.

Festlicher Nussbraten

Ein Herz für Weihnachts- und Martinsgänse! Genießen Sie diese pflanzliche Alternative mit Kartoffeln, Gemüse nach Wahl und einer braunen Sauce.

2 große Zwiebeln, fein gehackt
2 Knoblauchzehen, zerdrückt
3 EL Rapsöl
400 ml heiße (nicht kochende!) Gemüsebrühe
1 EL Thymian, getrocknet
1 TL Salbei, getrocknet
½ TL Rosmarin, getrocknet
1 TL Basilikum, getrocknet
1 TL Hefeextrakt
1 TL Tamari-Sojasauce
Saft einer halben unbehandelten Zitrone
1 EL Hefeflocken
¼ TL schwarzer Pfeffer
300 g Nüsse (z. B. 200 g Mandeln und 100 g Walnüsse oder Para-, Hasel- oder Cashewnüsse), gemahlen
50 g Weizenvollkornmehl
50 g feine Haferflocken
100 g Vollkornsemmelbrösel
Fett für die Form

- Die Zwiebeln und den Knoblauch in einem großen Topf in Rapsöl goldbraun dünsten.
- Die Gemüsebrühe mit Kräutern, Hefeextrakt, Sojasauce, Zitronensaft, Hefeflocken und schwarzem Pfeffer mischen und dazugießen.
- Nüsse, Mehl, Haferflocken und Semmelbrösel mischen, in die heiße Flüssigkeit geben und zu einer steifen Masse verrühren (bei Bedarf etwas Wasser oder Mehl dazugeben).
- Die Nussmasse in eine gefettete Kastenform geben, flach ausstreichen und bei 180 – 200 °C etwa 30 Minuten backen.

Kalte Spinat-Kräuter-Suppe

Einfacher geht's nicht: Für diese kalte Suppe brauchen Sie die Zutaten bloß in den Mixer zu geben. Ein schöner erster Gang für ein erfrischendes Sommermenü.

350 g Spinatblätter
200 g Zucchini
¼ l kalte Gemüsebrühe
180 ml Orangensaft, frisch gepresst
50 ml Olivenöl
1 Knoblauchzehe, zerdrückt
1 EL Thymian, getrocknet
1 EL Basilikum, getrocknet
1 EL Apfelessig
1 EL Agavendicksaft
¼ TL Muskatnuss, frisch gerieben
¼ TL Salz
einige Spritzer grüne Tabascosauce
4 EL saure Sahne
1 Handvoll Thymianblüten zum Verzieren

- Die Spinatblätter von den Stielen befreien und grob hacken. Die Zucchini grob würfeln.
- Das Gemüse mit allen anderen Zutaten, außer der sauren Sahne und den Thymianblüten, im Mixer oder mit dem Pürierstab pürieren und kalt stellen.
- Kurz vor dem Servieren pro Teller je 1 EL saure Sahne in die Mitte der Suppe geben und mit Thymianblüten bestreuen.

Zitronenmelisse

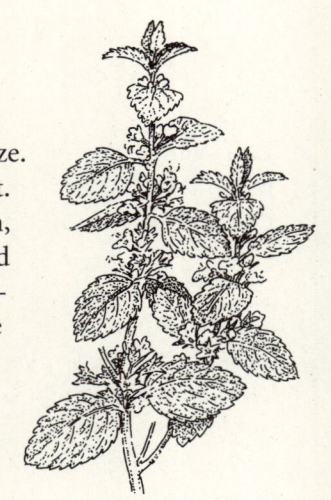

Melissa officinalis ist eine Verwandte der Minze. Ihre Heimat ist das östliche Mittelmeergebiet. Heute ist sie in ganz Südeuropa und Vorderasien, aber auch in wärmeren Gegenden West- und Mitteleuropas verwildert anzutreffen. Die ausdauernde, bis zu einem Meter hoch wachsende Pflanze trägt von Juni bis September weißliche, nektarreiche Blüten. Alle Pflanzenteile, vor allem aber die Blätter, riechen angenehm nach Zitrone und haben einen würzigen, ebenfalls zitronenähnlichen Geschmack.

Am besten gedeiht die Zitronenmelisse in einem nährstoffreichen, humusreichen Boden in sonniger, windgeschützter Lage. Am Fuß der Kräuterspirale steht sie deshalb gerade richtig. Wo sie sich wohl fühlt, geht die Zitronenmelisse allerdings gern durch unterirdische Ausläufer in die Breite. Alle paar Jahre sollten Sie sie deshalb durch Abstechen der Ausläufer kräftig stutzen.

Geerntet werden die Blätter kurz vor der Blüte, und zwar am besten bei kühlem, trockenem Wetter zur Mittagszeit, wenn der Gehalt an ätherischem Öl am höchsten ist. Sie können vorsichtig im Schatten getrocknet werden, doch geht dabei einiges an Aroma und Heilkraft verloren. Getrocknete Melissenblätter müssen dunkel und dicht verschlossen aufbewahrt werden. Zitronenmelisse kann in Öl und Essig eingelegt und auch eingefroren werden. Am besten nutzt man ihre Inhaltsstoffe jedoch, wenn man sie frisch verwendet.

Die Blätter enthalten das sich leicht verflüchtigende ätherische Melissenöl sowie Gerb- und Bitterstoffe, Harze und im frischen Zustand auch Vitamine und Enzyme. Zitronenmelisse wirkt appetitanregend, krampflösend, beruhigend, nervenstärkend, schlaffördernd und leicht blutdrucksenkend. Alten und neuen Werken der Pflanzenheilkunde zufolge gibt sie Lebenskraft und neuen Mut.

Die frischen, fein geschnittenen Blätter werden in fertige Speisen eingestreut und niemals mitgekocht. Machen Sie es sich zur Angewohn-

heit, Desserts mit einem zarten Melissenzweig zu verzieren. Auf diese Weise haben Sie zum Schluss immer eine den Atem erfrischende, anregende, kleine Knabberei. Verwenden Sie die Melisse außerdem in allen Gerichten, zu denen auch Zitrone passen würde, also z.B. in Salaten, Pilzgerichten, Kräutersuppen und -saucen, Pilzgerichten, süßsauren Gemüsegerichten, Eierspeisen, Mayonnaisen, Quark, Marinaden und eingelegten Gurken. Ihr fruchtiges Aroma passt aber auch gut zu Obstsalaten und Fruchtsaftgetränken, Gelees, Joghurt, Milchmixgetränken, Bowlen, Limonaden, Longdrinks und Kräuterlikör.

Lassen Sie sich vom Zitrusaroma der Melisse stets aufs Neue überraschen und erfrischen. Und wenn Sie einmal nicht so gut drauf sind, denken Sie an den alten Rat der Klosterfrauen: »Wenn's vorne zwackt und hinten beißt, probier es mit Melissengeist ... «

Tipps für die Zitronenmelissenküche

▷ Geben Sie 100 g frische Zitronenmelissenblätter in 1 l Essig und lassen Sie ihn 14 Tage ziehen. Der Essig bekommt einen angenehmen Zitronenduft.

▷ Probieren Sie einen Salat aus geraspelten Zucchini, Möhren und Äpfeln mit viel Zitronenmelisse und einem Joghurtdressing.

▷ Aromatisieren Sie Ihre Maibowle zur Abwechslung einmal mit frischer Zitronenmelisse.

▷ Bereiten Sie ein fruchtiges Pesto aus frischen Melissenblättern zu.

▷ Rühren Sie fein gehackte Zitronenmelissenblätter in Ihre selbst gekochte Aprikosenmarmelade.

▷ Servieren Sie zum Dessert ein Erdbeer-Carpaccio aus dünnen Scheiben möglichst großer Erdbeeren, Zitroneneis, gehackten Pistazienkernen und frischen Zitronenmelissenblättern.

▷ Mixen Sie im Sommer eine erfrischende Limonade aus Zitronenmelisse, Zitronensaft, Wasser und Honig, im Frühling zusätzlich mit frischen Holunderblüten.

▷ Brühen Sie sich am Abend einen Becher Tee aus 1 frischen Zweig Zitronenmelisse und süßen Sie ihn mit 1 TL Honig – ein Gute-Nacht-Trunk, der Leib und Seele beruhigt.

Wrigley's Gartensalat

Wer diesen minzig frischen Salat genießt, braucht sich um seinen guten Atem keine Sorgen mehr zu machen.

1 mittelgroßer Zucchino
1 kleine Salatgurke
je 1 Handvoll Mangold-, Spinat- und Sauerampferblätter
12 Cocktailtomaten
1 Bund Zitronenmelisse, grob gehackt
1 Bund Pfefferminze, grob gehackt
2 EL Öl
1 EL Balsamico-Essig
1 TL Kräutersalz

- Den Zucchino und die Salatgurke grob würfeln.
- Mangold-, Spinat- und Sauerampferblätter in ein Zentimeter breite Streifen schneiden.
- Zucchini, Gurke, Tomaten, grüne Blätter und gehackte Kräuter in einer großen Schüssel mischen.
- Das Öl, den Essig und das Kräutersalz verrühren und das Dressing unter den Salat heben.

Grüner Melissentrunk

300 g Zucchini
1 Bund Zitronenmelisse, gehackt
einige Zweige Dill, gehackt
Saft von 1 Zitrone
Kräutersalz, Pfeffer
Vollrohrzucker
einige Spritzer grüne Tabascosauce
einige Spritzer vegetarische Worcestersauce (ohne Sardellen)
700 ml Mineralwasser
Eiswürfel

- Die Zucchini grob würfeln.
- Kräuter, Zucchini und Zitronensaft im Mixer oder mit dem Pürierstab fein pürieren.
- Den Gemüsedrink mit den Gewürzen abschmecken und in vier hohe Gläser gießen.
- Mit Mineralwasser auffüllen, nochmals durchrühren, Eiswürfel hineingeben und sofort servieren.

Kalte Zucchini-Joghurt-Suppe mit Zitronenmelisse

DIE Erfrischung an einem heißen Sommertag!

400 g kleine Zucchini
1 unbehandelte Zitrone
800 g Joghurt
⅛ l Gemüsebrühe
1 Knoblauchzehe, zerdrückt
Kräutersalz, Pfeffer
1 Bund Zitronenmelisse, fein gehackt

- Die Zucchini der Länge nach in dünne Scheiben und dann quer in sehr schmale Streifen schneiden.
- Die Zitrone dünn schälen und auspressen. Schale beiseite stellen.
- Den Joghurt mit der Brühe und dem Knoblauch verrühren, mit Salz, Pfeffer und Zitronensaft würzen.
- Die Zucchinistifte unter den Joghurt rühren und kalt stellen.
- Die Suppe mit Zitronenmelisse bestreuen und mit der Zitronenschale verzieren.

Melisse-Müsli-Kekse

1 großer Bund Zitronenmelisse, bis auf 1 Zweig fein gehackt
50 ml kochend heißes Wasser
5 EL Sonnenblumenöl
8 EL Ahornsirup
1 EL Zitronensaft
1 TL Vanille, gemahlen
150 g Weizenvollkornmehl
2 EL Speisestärke
1 TL Weinsteinbackpulver
80 g Müsli, ungesüßt und ohne Trockenfrüchte
20 g Amarantpoppies (aus dem Naturkostladen)
50 g Rosinen
Fett für das Blech

- Blätter von 1 Melissenzweig mit dem kochenden Wasser übergießen, etwa 10 Minuten ziehen lassen, abseihen und auskühlen lassen.
- Den Melissentee mit Öl, Ahornsirup, Zitronensaft und Vanillepulver verquirlen.
- Nach und nach das Mehl, die Stärke, das Backpulver, gehackte Zitronenmelisse, Müsli, Amarantpoppies und Rosinen unterrühren.
- Den Teig mit einem Teelöffel auf ein gefettetes Backblech setzen und die Kekse bei 180 – 200 °C etwa 12 – 15 Minuten backen.

Die Autorin

Irmela Erckenbrecht, Jahrgang 1958, lebt in Nörten-Hardenberg bei Göttingen.

Sie ist Autorin folgender Bücher:
- ▶ *Die Kräuterspirale – Bauanleitung, Kräuterportraits, Rezepte*
- ▶ *Wie baue ich eine Kräuterspirale?*
- ▶ *Neue Ideen für die Kräuterspirale*
- ▶ *Querbeet – Vegetarisch kochen rund ums Gartenjahr*
- ▶ *Zucchini – Ein Erste-Hilfe-Handbuch für die Ernteschwemme*
- ▶ *Erbsenalarm!*
- ▶ *Vegetarisch und gesund durch die Schwangerschaft*
- ▶ *Das vegetarische Baby – Schwangerschaft, Stillzeit, Erstes Lebensjahr*
- ▶ *So schmeckt's Kindern vegetarisch*
- ▶ *Das Wechseljahrekochbuch*

Zudem übersetzt Irmela Erckenbrecht Sach- und Kinderbücher sowie literarische Werke aus England, Irland und Nordamerika (www.erckenbrecht.de).

Rezepte von A bis Z

Ausgebackene
Kapuzinerkresseblüten mit
Ziegenkäsefüllung 63

Beeren mit Lavendelsahne 75
Blattsalat mit Dill 52
Bratkartoffeln mit
Avocado-Rucola-Creme 125
Brunnenkresse-
Kartoffel-Salat 44
Brunnenkressesandwich 47
Brunnenkressesuppe 45

Cannelloni mit
Rucolafüllung 124
Chicoréeschiffchen
mit Sauerampfer 134

Erbsensuppe mit Salbei 128
Erdbeerbowle mit
Borretschblüten 41
Estragonessig 59
Estragonrührei 57
Estragonsuppe 56

Festlicher Nussbraten 148

Gemüsesuppe à la Provençe 77
Gnocchi mit Rucolapesto 123
Grüne Soße 40
Grüner Melissentrunk 153
Grüner Spargel mit Sesam
und Schnittlauchblüten 140

Grünes Quarkgemüse 82
Gurkenschiffchen mit
Pimpinellefüllung 104

Herzhafter
Sellerie-Obst-Salat 107
Hörnchennudeln mit Mais und
getrocknetem Basilikum 27

Kalte Gurkensuppe 38
Kalte Spinat-Kräuter-Suppe 149
Kalte Zucchini-Joghurt-Suppe
mit Zitronenmelisse 154
Kapuzinerkresseblüten
mit Guacamole-Füllung 62
Kapuzinerkresse-Kerbel-Salat 65
Kartoffelgratin
mit Bohnenkraut 33
Kartoffelsuppe mit
grünen Bohnen 34
Kerbelcremesuppe 68
Knusprige Kichererbsen
mit Rosmarin 118
Kohlrabi-Kräuter-Gratin 71
Kräuterlasagne 28
Kräuterpfannkuchen 106
Kräuterspätzle 95
Kretischer Couscous-Salat 86

Lauchbratlinge mit
Schnittlauch 141
Lauchgemüse mit Estragon 58
Lavendelkekse 76

Lavendelmilch 74
Ligurisches
    Bohnen-Nudel-Gericht 35

Maiscremesuppe mit
    Liebstöckelstreifen 80
Maistaler mit
    Petersiliensauce 100
Makkaroni mit Petersilie
    und Zitronenzucchini 99
Mediterraner Kräuterkuchen 94
Meerrettichquark 39
Melisse-Müsli-Kekse 155
Minztomaten 89

Oregano-Kartoffel-Pfanne 93

Petersiliensuppe 101
Pfefferminzbowle 88
Pimpinellen-
    Kichererbsen-Salat 105
Pizza à la Andrew's 26

Ringelblumenkäse 112
Ringelblumen-Mais-Muffins 111
Rosenkohlpüree 81
Rosmarintofu vom Grill 117
Rote-Bete-Salat
    mit Schnittlauch 142

Salbeiblüten-Fenchel-Salat 130
Salbei-Knusperstängel 131
Salbeispaghetti 129
Sauerampferkuchen 135
Sauerampfersuppe 136

Schneller Spargelkuchen 98
Schupfnudeln mit
    frischen Kräutern 92
Schwarzwurzelsuppe
    mit Kerbelsahne 69
Sellerie-Birnen-Salat mit Dill
    und Maronen 50
Shiitake-Kerbel-Pfanne 70
Spaghetti mit Brunnenkresse
    und Basilikum 46
Spaghetti Napoli 147
Spinat-Sauerampfer-Gratin 137
Süße Mangocreme
    mit Rosmarin 119
Süße Ringelblumenspeise 110
Süßer Minzquark 87

Three-Bean-Salad 32

Überraschungspäckchen
    vom Grill 146

Virgin Mary mit
    Naturstrohhalmen 83

Warme Gurkensuppe 51
Weiße Blütensuppe 64
Weiße Radieschensuppe 143
Weizen-Rucola-Salat 122
Wirsingkohlsuppe
    mit Dillsamen 53
Wrigley's Gartensalat 152
Würzige Möhrensuppe
    mit Ringelblumen 113
Würziges Winterkompott 116

Lebensraum Garten

Irmela Erckenbrecht:
Wie baue ich eine Kräuterspirale?
ISBN: 978-3-89566-220-1

Irmela Erckenbrecht:
Neue Ideen für die Kräuterspirale
ISBN: 978-3-89566-240-9

Wolf Richard Günzel:
Das Insektenhotel
ISBN: 978-3-89566-234-8

Sofie Meys:
Lebensraum Trockenmauer
ISBN: 978-3-89566-249-2

Gesamtverzeichnis bei:
pala-verlag · Rheinstraße 35 · 64283 Darmstadt · www.pala-verlag.de

© 2009: pala-verlag,
Rheinstr. 35, 64283 Darmstadt
www.pala-verlag.de
ISBN: 978-3-89566-256-0

Lektorat: Barbara Reis
Umschlag- und Innenillustrationen: Margret Schneevoigt
Satz: Verlag Die Werkstatt, Göttingen
Druck und Bindung: freiburger graphische betriebe
www.fgb.de

Printed in Germany
Dieses Buch ist auf Recyclingpapier aus 100 % Altpapieranteilen
gedruckt.